心が揺れがちな時代に「私は私」で生きるには

産婦人科医
高尾美穂

はじめに

2020年は皆さんにとっても、忘れられない1年になったのではないでしょうか。輝かしいオリンピックイヤーとして迎えたはずの年に、私たちは新型コロナウイルスという目に見えない脅威によって、未曽有の経験をすることとなりました。

医師として20年余り、1年365日のうち、お休みが2日程度しかない日常を過ごしてきた私にとって、緊急事態宣言により勤務先も営業自粛を決定したため、いきなり訪れた人生初の空白の時間でした。自宅で過ごす時間を、どうしたらこれからの自分にとって意味のあるものにできるかを考えたとき、このレアな経験の記録を残したいと思ったわけです。

文字での記録はすでにいろいろと経験しており、できれば新しいことにトライしたいと考えていた私の目に留まったのが、stand.fm というアプリを用いた音声での配信でした。番組名を「高尾美穂からのリアルボイス」とし、来る日も来る日も粛々と配信し続けてきたこの1年半。気づけば私にとっても楽しみのひとつになっていたリアルボイスの収録は、自粛が明けても中断する気にはなりませんでした。

私からのお話に出合い、日常のいろんな出来事に対し、自分の頭で「考えてみる」機会をお持ちくださった皆さんの声をいただいて、この本が出来上がりました。リアルボイスにご一緒くださった皆さん、ぜひ本にしたいと声を掛けてくださった日経BPの藤川さんはじめ皆さん、本当にありがとうございます。


産婦人科医として診療を続けるなかで、またリアルボイスを通して、たくさんの女性、時折は男性のお話をお聞きし、体のこと、心のこと、学校のこと、仕事のこと、家族のこと、人間関係について、自分自身のこと、いろんな葛藤を抱えながらどうしたら前に進めるのか、悩みの深さを知りました。そんな皆さんへ、すべてのケースに直接的な解決策をお示しすることはできなくとも、共通して伝えられるアドバイスがあります。それは、

「私たちは自分の人生をどんな時間にしていくか、本来は自分で決められるはず」

ということです。


職場の人間関係が嫌なら、いっそのこと転職はどうだろうか。受験が嫌なら、受験せずに済む未来を考えてみるのもいい。スカートをはきたくなかったら、はかずに済む環境を探してみよう。体の不調に対しては、専門家に相談するのも大事な選択肢です。家族に頼れなければ、

仲間に頼ってみよう。悩みを少しでも手放すために、まずは自分にできることをしてみよう。具体的に行動を起こしてみよう。

私たちは自分で決意することで、1日を上機嫌に過ごすこともできれば、十分な睡眠時間を確保することもできます。運動を習慣にすることもできれば、好きな土地で暮らすこともできます。よく頑張っている自分をいたわることもできれば、自分の心を温かなオレンジ色に染める言葉を選ぶこともできます。自分の人生を、自分らしい、自分が望む時間に仕立て上げることができるのは、自分以外にいません。

最後に、私の好きな言葉を贈ります。

「知《ち》行《こう》合《ごう》一《いっ》」

学びの完成は、実践してのみ得られるもの。

この本には、楽に生きるための考え方や、安定した心の保ち方、生活上の工夫に至るまで、私たちの人生をよりよいものに変えていくヒントを詰め込みました。皆さんに、何かひとつでも試してみていただきたいのです。そして、皆さんの毎日が、皆さんの思い描くような時間となることを願っております。

2021年秋　高尾美穂

Chapter 1 「私らしい私」をつくるには？

Chapter 2 つらい気持ち、不安とどう向き合う？

Chapter 3 こんなコミュニケーションが望ましい

Chapter 4 女性の体について知ってほしいこと

Chapter 5 人には聞けない性の悩みに答える

Chapter 6 これからの家族とパートナーシップのあり方

Chapter 7
人生とキャリアの歩み方

Chapter 8
私が人生でしていきたいこと

Chapter 9 高尾美穂から「妹たちへ」

Chapter 1

「私らしい私」をつくるには？

本書のChapter1-8は、stand.fm「高尾美穂からのリアルボイス」で配信した内容の一部を再編集しています。「Letter」はstand.fmのレター機能でリスナーから届いたものです。

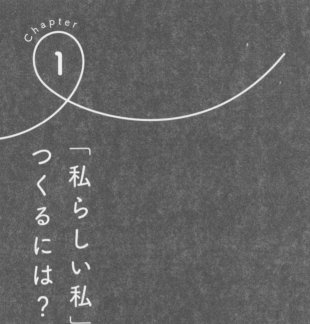

「自分らしさ」とはなんだろう

先日ツイッターに、「うちの猫は猫らしくなくて」と書いたのですが、後でふと「猫らしさ」とはなんだろうと考えて、私自身が決めたいわゆる〝ツンデレで憎めないやつ〟、そんなイメージを指しているのかなと思いました。

このように世の中には、「女らしい」「男らしい」「学生らしい」「医者らしい」など、たくさんの「〇〇らしい」という表現がありますが、その多くはステレオタイプに当てはめた考え方ともいえますよね。

一方で、「自分らしい」という表現もあります。その意味は、自分らしさを自分自身が理解している、いわば自己理解であり、さらに自分がそうありたいと願う理想像ともいえます。さらに、**たくさんの「〇〇らしい」のなかで、この「自分らしい」という言葉だけは、自分自身が決められるものだと思うのです。**

この「自分らしさ」を別の表現に置き換えてみると、自然体でいる、無理していない、人と比べない、常識に縛られない、同調圧力に支配されない、などが思い浮かびます。逆に、常識や同調圧力に屈しやすい人というのは、無難だけれど自分らしい人生とはかけ離れているようなイメージがあります。

では、私自身の「自分らしさ」は何かと考えてみると、まず分かりやすいのは外見ですよね。モヒカンの周りの髪の長さは9ミリで、お風呂上がりにドライヤーで左右から風を当てるだけでしっかり立って、朝起きてそのまま出勤することができるという非常にありがたい髪形ですが（笑）、世の中から見ると「女らしくない」と言われるわけです。

また、診療中は白衣を着ていませんし、夏は短パンにビーサンを履いて、リュックを背負って自転車通勤をしている。もちろん、検査や取材・撮影など必要なときには白衣を着ますが、やはり世の中的に見た「医者らしい、女医らしい」イメージとは異なるでしょう。

こうした見た目よりも大事だと思うのは、自分らしい生き方です。私の選択の軸になっているのが「好きなことをして嫌なことは避ける」ことで、**自分の好き嫌いに正直で、物事にとらわれないこと、他人の期待には目もくれず、自分がワクワクする方向を選ぶこと。**こうした考えが、「自分らしい」生き方につながっていると思います。
見た目や生活のスタイルに関しても同じで、快適に自転車で通勤をするのが好き、満員電車には乗りたくないから満員電車を避ける、これが選択の基準になっています。

こうした自分らしさがいつから目立つようになったかというと、たぶん、結構昔からだと思います。やるべきことはきちんとやる、周りの人に迷惑をかけないという自分のテリトリーは守った上で、そこからはみ出した部分で許されるところは自分らしさを出す。常にそんな考え方を持ってきたように思います。

皆さんがご自身のことを「自分らしい」と感じるであろう部分は、きっと、社会の中における○○らしさとは一線を画すものです。ですから、まずは自分らしい選択や時間の過ごし方を改めて意識していただきたいですし、その上で、すでに自分らしい生き方をかなえるタイミングが来ているのであれば、ぜひそれを実現していただきたいと思うのです。

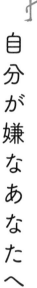

いつも人と比べてしまう自分が嫌なあなたへ

Letter

40代女性です。職場で周りと自分を比べてネガティブな気持ちになることがあります。あの人のほうが上司に評価されている、年は近いのに役職もあって給料も多い、あの人は結婚して家族をつくっている。あの人はプライベートが充実していて楽しそうだけど、私は友人も少なく休日もひとりで過ごすことが多いなど、その時々で怒りが湧いたり、不安になったり……。ネガティブな感情に振り回されず、今あるものに感謝の気持ちを持つために、日々どのように心がければいいでしょうか。

自分と近い場所にいる誰かと自分とを比べて、劣等感を持ってしまうという状況かと思います。けれど、このように人に負けていると劣等感を持っても、たとえ自分が勝っていると優越感を持っても、他人と比べるという心の動き自体が前向きではないと思うのです。なぜかというと、**他人と比べることによって自分自身を保っている状態、つまり主軸が他人に置かれている状態**だから。でも本当に大切なのは、「自分自身がどうなのか」ではないでしょうか。

私たちは、社会において常に評価をされています。昇進や昇給だけでなく、現代ではお客さんとのコミュニケーションですら口コミで評価されます。では、その評価をどう受け取ればいいかというと、自分の評価と周りの評価がマッチしているかを確かめるものと捉えるのがよいでしょう。

例えば、イマイチな口コミをもらったとき、自分自身が「あのお客さんとの会話イマイチだったな」と思えるのであれば、そこから変えていけばいい。自分ではよく頑張ったと思っていて、上司からも評価されたのであれば、頑張りを見てもらえたと喜べばいいのです。

私たちは、自分とは非常に遠い存在や、とてもたどり着けないと思っている人とは比較しませんが、周りの同期や同い年など比べやすい人と比較し、そのなかで自分の価値を見いだそうとする癖があるのでしょう。

人と比べてしまう大きな理由は、自分に自信がないからではないでしょうか。おそらく〝マウントを取る〟行為も、自分に自信がなく、認めてほしいという気持ちの表れでしょう。けれど、そんな〝どんぐりの背比べ〟をしても自分自身の伸び率は小さいですし、落ち込む時間のほうがもったいない。

本来、私たちに勝ち負けは存在せず、勝ち負けを決めているのは自分の心なのです。こうした勝ち負けを気にする考え方は相当、心を消耗させますから、勝ち負けはスポーツのようなルールにのっとった点数で判定するものに任せておけばいい。

私たちにはそれぞれの良さがあり、すべてが他人より優れていなくていいのです。他人の優れている部分は「すごいな」と素直に捉えればいいし、同じように自分のすごい部分や能力を探して、認めてあげることがとても大事です。お互いの強みや伸びている部分を寄せ合い、よりよいものをつくる。これが今の社会におけるチームのあり方ではないでしょうか。

ネガティブな気持ちを持つこと自体は、悪いことではありません。まずその素直な気持ちを受け止め、ネガティブな感情が嫌なら、抱かない努力をすればよいのです。

何より、隣の芝生は青く見えますが、自分の庭の芝生を青くするのは自分以外にいません。**自分の生活や人生、考え方を豊かにしていくためには、自分自身の時間を生きるほかにない**のです。ぜひ、いいなと思う本を読んだり、映画を見たりして、自分の感情を豊かなものにしていきましょう。

私たちがする判断は経験が生み出す

Letter

40代後半、未婚で子どもはいません。子どもの頃から赤ちゃんをかわいいと思えず、自分が子どもを産んで育てるとは考えられませんでした。隣に住む妊婦さんが出産後に母子共に亡くなったり、親戚の子が生後数カ月で亡くなったり、生後すぐ心臓病で手術を受けて普通に生活できないお子さんなどの例をいくつも見たりしたことで、産みたくないと感じてしまったのだと思います。私自身が強度のＨＳＰのせいかもしれません。子どもがいれば幸せ、とは強がりでなく思うのですが……。

産婦人科医である私自身が40代後半になった今、子どもに対して持つイメージは〝お産で取り上げるもの〟。仕事の対象として見ているんだなと、改めて認識しています。でも、小さな頃からそうだったわけではなく、「子ども3人くらいは産むのかな」と思っていました。でも実際に今、子どもはいなくて、「猫が3人来てくれたから、やっぱり3人なのか」くらいに思うタイプなんです（笑）。そんな私よりもはるかに子どもが欲しくて、でも「巡り会えなかった」と思っている女性は、世の中にたくさんいるでしょう。

かつて、女性は子どもを産むのが当たり前、子どもを育てて一人前という時代がありました。しかし、婦人科外来に通ってくる多くの女性から私が知ることは、今の時代、女性だからといってみんな「子どもが欲しい」と思っているわけではない、ということです。

そもそも、子どもを考えていない人が何％かはいて、そのなかには今回の方のように子どもが苦手というイメージを持つ方、女性だけれども女性が好きといったＬＧＢＴＱ（性的少数者）の人、子どもは欲しいけれども性交渉が苦手という人もいるでしょう。

もちろんそれ以外に、どうしても子どもが欲しい人、いずれは子どもができたらいいなという人もいる。後者は、パートナーがいても結婚相手ではないと思っていたり、仕事が忙しくて今は考えられないと思っていたり、環境が要因になっているケースもあります。

つまり、同じ女性でもこれほど考え方が大きく分かれていて、みんながみんな同じではないのです。

また、この方が幼い頃に経験をされたことは、大きなトラウマになったと想像がつきますし、経験をもとに判断をすることは往々にしてあることです。

このように経験をもとに判断することを、哲学の考え方で「経験主義」といいます。イギリスのフランシス・ベーコンの思想なのですが、「私たちは生まれたときは白紙の状態だけれど、その上に経験や知識が書き込まれ、それが自分の判断や観念をつくり上げている」というもの。私は、この考え方がとてもよく理解できるんです。

例えば、赤信号を渡ろうと思う瞬間、自分が判断していると思いがちですが、実はその根拠には経験の積み重ねがある。信号で車にはねられた経験を持つ方は、やはり渡るときに慎重になりますよね。そう考えると、たとえ年齢や性別、仕事が似ていても、それぞれが経験してきたことは全く違うから、考えが違ってもおかしくないのです。

ですから、この方の思いは私にすっと入ってきました。それでいいんじゃないですか、とお伝えしたいですね。

人の期待になんて応えなくていい、自分の期待に応えよう

私は、過去に「先生の期待に応えられなくてすみませんでした」と言って、職場を辞めていった方を見送ったことがあります。

私は自分自身のことを、仕事をこなす量や、ピークの仕事量を継続させるためのスタミナ、いざというときに湧き出るパワー、最低限必要な冷静さ、ストレスや負荷に対する抵抗力（レジリエンス）、こういったものに対して相当な馬力を持っていると自覚しています。

つまり仕事面で、私の期待に応えるのはとても大変だろうと思うわけですが、以前は、みんなにも自分と同じだけのことを求めた時期もありました。特に、同じ産婦人科の道を選んだ後輩に対しては、自分と同量の熱意やパワー、スタミナなどを心の中で要求していた時期もあったように思います。

けれど、ようやく数年前に、やっと自分が人と同じではないことを知ったのです。例えば、始めたことを最後まで終わらせる能力や達成欲、学習意欲が高いこと。内観的で、熟慮や思案が好きで、問題の解決やプラン、独創的なアイデアの発案が得意だということ。けれどこのような仕事への取り組み方というのは、みんなが得意なわけではありません。一方で、私はみんなで調和を保つことを良しとする気持ちなどは割と薄いことも知ったので、こうした部分は周りの人に補ってもらう意識を強く持つようにしています。

その上でぜひお伝えしたいのは、こんな人並み外れたスタミナを持った私に期待されて、その期待に応えられないと思う必要は全くないということです。

誰かの期待に応えるというスタンスは、いわば他の誰かがイメージしているあなたに近づくことです。それが本当にあなたにとっての幸せ、あなたの人生にとって価値のあることなのかを、ぜひ一度考えていただきたいのです。

例えば、親が望む人生に近づく努力も同じです。それは私たちにとって意味があるのか、それはいつまで必要なのか。

大好きな人や尊敬する人から認められたい。その気持ちは間違いなく自然なものです。そうして頑張ろうとする気持ちも大切ですし、そんな時期があってもいいでしょう。
けれどそれはあくまで、**あなたがあなたらしく成長していく過程における取り組みでなければ意味がありません。**なぜかといえば、あなたに期待をした誰かの考え方が、ある日コロッと変わることもあるからです。すると、今のあなたの先にある完成像も変わる。そんなとき、あなたはどうするでしょうか？　結局、「期待に応えたい」という気持ちはあくまで他人軸で、いわばプレッシャーでしかないのです。

人の期待になんて応えなくていいし、がっかりされたっていい。私は人にがっかりされるよりも、自分にがっかりするほうがよっぽど嫌です。「人に嫌われないように、がっかりされないように」、この思いを手放すだけで、私たちは心底自由に、楽に生きられるはずです。
もちろん迷ったときに、「尊敬する人ならどう考えるだろう」とイメージするのもいいでしょう。ただ人生で貫いていきたいことは、人の期待に応えるのではなく、自分の期待に応えるということです。

きっと私の人生も、今までにたくさんの人の期待を裏切ってきたと思うのです。例えば2歳から始めたバイオリンの先生は、私を幼稚園に行かせる代わりに、ソリストとして教育したいと親に言ってくれたそうですが、私は完全に突っぱねたそうです。誰しも、そんな期待に応えられなかった経験があるのではないでしょうか。

期待に応えるという気持ちがプラスに作用することもあれば、そうでないときもあります。**最終的に、私たちの人生への期待は自分自身がする、自分自身の期待に自分で応えていく。**これが私たちの努力の矛先ではないでしょうか。

誰かの期待に応えられなくて悩んでいる方は、ぜひそれが誰の期待なのかを考えてみてください。自分ではない誰かの期待は、自分が望んでいる方向とマッチしているのか。そこでマッチしていないと感じたら、ほかでもない自分の期待に応えていけばいいのです。

親に育てられてきた頃の自分から抜け出せるかは自分次第

Letter

私の両親は、出来の良い子は優しく褒め、悪いことをしても見て見ぬふり。一方、私は出来が悪いので嫌われています。私は、いわゆる〝出来が悪い〟と判断される傾向を持って生まれてきたと思います。家族や身内は、出来の悪い人に存在価値を感じておらず、「まともじゃないから」と適当に扱われているように感じて、とても悲しいです。気持ちの持ち方で変えられるとしても、私の傾向上、とても大変だと感じます。だから、まともな、普通の一般的な人生が送れない。私自身も自分の傾向を受け入れ難く、自分を大事にできません。何か違う捉え方はできないでしょうか。

まず伝えたいのは、ご自身がすでに親から独立するような年代であれば、「もう親や身内の影響はそこまで気にしなくていい」ということです。これまでに受けた影響はとても大きいと感じるかもしれませんが、それはあくまで親という他人から見た評価です。高校生くらいまでなら、親の庇護の下にあるからこそ影響を受けやすいのですが、そこから先、ご両親や身内の方の影響というのはどんどん小さくなっていく可能性が高いでしょう。

ひと昔前までは、親の言うことを聞き、学校では靴をきちんとそろえて、座って先生の話を聞く、そんな一般的な型にはまったタイプの子どもは扱いやすく、ある意味優遇された時代だったと思います。でも、この方はすでに学校にいる年代ではなく、さらに時代が変わりつつあるなかで、親や身内からの評価をいつまでも引きずるのはもったいない。「親の影響でまともな人生を送れない」ということですが、**本来、自分がどんな人生を送るか、自分がどういう人でいるかということに関しては、自身が決められること**なのです。

さらに「気持ちの持ち方で変えていける」と分かっておられる方なので、自分自身を大事にできない理由を、親や育ってきた環境に転嫁するのではなく、まずは変えようとしない自分に目を向けてみるのはいかがでしょうか。「心の持ちようを変えるのは大変」と思われるかもしれませんが、本気で変えたいと思うならきっと変われるし、変えられます。

〝まともじゃない〟という内容についても、「多くの人ができることができない」程度であれば、社会的にすごく困ることではないでしょう。今後は身内からの影響は小さくなると考えて、「一般的じゃない自分」の生かし方を考えていけばいいのです。

私自身も、まともかといわれたら、そうでない部分もあると思います。実際に「変わってる子」と言われて過ごしてきて、親戚からも「変わってると思われている」と感じていました。だからといって、全部が全部困ってしまう社会ではありませんでしたし、今になって、親戚が私のことを話題にしてくれているとも聞きますから、将来的には出来上がった人間そのものが評価されるのだと実感しています。

何より、両親や身内からの影響よりも、自分が自身に対して影響を及ぼしていくほうが、より自分らしい人間になれる。確かに捉え方を変えることは難しい。でも、難しいからこそぜひチャレンジしてみませんか？

私たちを支える「自信」には3種類ある

Letter

高尾先生は自信満々に見えます。先生にとって自信とはなんですか？

皆さんから見える私というものは、多くが仕事のシーンで、いわば自分のプロフェッショナルな部分をお示ししている時間帯ともいえますから、自信満々で過ごしているように見えるのかもしれません。けれど、そこにはいろいろな裏づけがあるからこそ、自信を持ってお伝えできるという部分があるのです。

では、私たちを支えてくれる「自信」として、どんなものを身に付けるのが望ましいでしょうか。

まずは、**自分の能力に対する自信**です。スキルや知識、情報面などで、〃自分を十分に信頼するに値する〃と思えるから持てるものですね。

ここで気を付けたいことは、その知識や情報のソース（源）が正しいものか、世の中に貢献できるものなのかということです。昨今は、インターネットを介して自分の考えを発信できます。それ自体は非常に良いことなのですが、例えば、ワクチンに対する間違った見解などを広めるのはよくないことです。自信があるからこそ見解を広げてしまうのですが、ソースが信じるに値するものかを振り返ることがとても大切です。

自信のソースや種類も、人それぞれ違います。例えば、何かを身に付けたり、経験のなかで成功あるいは失敗をしたり、本を読んだり、たくさんの人と会って話をしたり、いろんな場所に行ったり、という経験が自信になるという方もいるでしょう。つまり、皆それぞれ、何が自信を生むかは違うのです。

また、この能力に対する自信は、ある意味、努力でどうにかなるといえます。結果はどうあれ、一生懸命頑張った過程で得た経験や時間、費やした努力は、間違いなく自分の自信につながっていくでしょう。

2つ目は、**自分自身をコントロールできているという自信**です。これは体調や気持ち、時間の使い方のコントロールも含まれますが、なかでも「24時間をどう過ごすのか」は自分で決められる大事なポイントです。もちろん、守るべき家族がいる方はすべてを自分で決めることは難しいでしょうが、運動や休養など、自分の体や心に良いことに時間を使うと決めて、自分自身を良い状態にキープすることは必ず自信につながっていきます。

気持ちの面でも、例えばポジティブという感情はあくまで私たちが選んでいるものであり、ポジティブでいようと思うからそういられる。できる部分だけでも感情のコントロールができると楽ですし、そういう考えを持っているとだんだんできる幅も広がってくるでしょう。

3つ目は、**周りの人たちとのコミュニケーションから生まれる自信**です。自分が周囲に必要とされている、愛されていると感じることから生まれる自信ですね。これはひとりでつくり出すことはできませんが、何もプライベートだけではなく、仕事や趣味などの世界でも得られるもの。ですから、これから社会でひとりで生きていこうとする人たちにも、ぜひ前向きに手に入れていただきたい自信のひとつです。

いずれにせよ、私たちは適度に自信を持って自分を認め、周りと対等にコミュニケーションを取りながら進んでいくことが大切です。私自身も、自信を持てないことがたまにありますが、できるだけその都度忘れないようにして、曖昧なことはすぐに確かめる努力をしています。こういった積み重ねもあって、自信満々に見られているのかもしれませんね。

自信を持つための2つの考え方

Letter

私は不安傾向が強く、いつも不安や心配を抱えています。LINEの返事が長い間返ってこないときは、何か気に障ることを言ったのではないか、自分の意見を伝えたら場が凍るのではないかなど、マイナスな考えばかりが浮かび、尻込みすることも多々あります。意見を伝えたら伝えたで、あんなこと言うんじゃなかったと後悔することもしばしばで、ひとりで決断することも苦手です。小さな相談でも相手の時間を奪っていると、申し訳なくなります。他人を信用していないわけではないのですが、自信がないのか、いつもこんな考え方に……。前向きな気持ちの切り替え方はないでしょうか。

こういった毎日は疲れてしまいますよね。他人がアクションを起こさなかったことですら影響を受けているので、メンタル面でストレスを感じやすい人といえるでしょう。根本的な問題のひとつは、自分に自信がないことで、他人と自分の意見が違うときの不安や、相手がどんな反応をするのかという心配がベースにあるように思います。

では、自信を持つためにはどんな考え方をするのがよいのでしょうか。

私が日常的に取り組んでいることのひとつは、新しいことにチャレンジすることです。何かトライしたことがないものにチャレンジをして、それができたことは自信につながります。とはいえ、最初はできなかったことも、いずれできることが当たり前になり、慣れてしまうと喜びやありがたみを感じなくなるので、次の新しいチャレンジを見つけるようにしています。

もちろん、小さな努力で毎日継続していくようなチャレンジでもいいでしょう。もし継続できなかったとしても、それを自分のなかでマイナスの経験にするのではなくて、「次は何だったらできるか」という前向きな目線に変えていくことが大切です。

もうひとつは、自分にとっての強みが何なのかを自分なりに考えてみることです。

私の強みのひとつは、継続力です。音声の配信であるリアルボイスのように、何かを毎日毎日ずっと続けることは割に苦ではありません。あとは、知的好奇心の深さと、それを満たすための行動力です。医療や婦人科などの専門分野にとどまらず、気になったことは深掘りをしますが、それが私にとって氷山の下部を支える財産になっているのだと感じています。他には、自分の気持ちを自分でコントロールできているという自信でしょうか。

このように、まずは自分なりの強みを3つぐらい考えてみてください。この方は、きっと他人に対する想像力が幅広い方で、それも大きな強みといえると思います。

強みというものは、自分で分かっていない部分も結構あって、心理学の分野ではストレングス・ブラインドネス（強みの無知）といわれます。ですから、周りの人や友達に、自分の強みを聞いてみるのもいいでしょう。自分自身の強みを把握することで、幸福度が上がったり、うつ傾向が落ち着いたりすることもあるという報告もあります。こうして自分なりの自信を心の軸に持つことで、いちいち人の反応に対して不安を感じることも減ってくるでしょう。

「これだけは人に負けない」と思えることを磨く

私が日々仕事をしたり日常生活を過ごしたりするなかで、「これだけは人に負けない」と思えることは、**「みんなでよりよく変わっていきたい」という強い思い**です。

もちろん、「自分自身が豊かで彩りのある日常を過ごして、思い通りの良い人生にしたい」という思いはあります。けれど、自分だけでなく、できるだけ周りの人たちや私の知らない誰かも巻き込んで、みんなでよりよい人生を過ごしていきたい。

だからこそ医者という枠を飛び出して、ヨガをはじめさまざまな講座や、誰からもアクセスできるインターネット上での発信を続けているのだと思うのです。

もちろん、これまで生きた人たち、例えば名が残る偉人たちのなかで、このような思いやパフォーマンスが私に勝る人はたくさんいるでしょう。けれど私にとっては、「これだけは誰にも負けない」という強い思いであり、続けていきたい大切な取り組み、私の核となる部分だといえるのです。

とはいえ、実際の世の中はシンプルな競争の社会ではなく、出来レースや忖度《そんたく》もあれば、ネゴシエーションで物事が決まることもあるでしょう。例えば、歌舞伎では血筋や家系によって、スポーツでは持って生まれた骨格や体格によって、優劣がつくこともあります。それでも、「人に負けない」と自分が思えることは、何かしら抜きんでた価値のある部分であり、強い思いや、強みという言葉でも置き換えられます。きっと、みんなそれぞれに「これだけは大事にしたい」というものがあり、その部分を磨いていくことが大切だと思うのです。

その大事にしたい思いを自分自身で高めていくような日常を過ごし、仕事をしていくこと。そうすればいずれ仕事の枠を超えて、世の中の多くの人々に貢献できるものになっていくのではないでしょうか。

何事も「面白がる」天才になれたら

Letter

40代前半の独身女性で無職、恥ずかしながら両親の世話になっています。5年前にＡＤＨＤ、発達障害と診断されました。日々就職に向けて頑張っていますが、30代前半で初期乳がんになったこともあり、無理はできません。目標は家族の世話にならずに生きることですが、自立だけが人生の目標って悲しいなと思います。家族連れを見ると羨ましくなりますが、主婦というマルチな才能は私にはありません。臨機応変が苦手で、パニックを起こしてしまうのです。パートナー探しも可能な気はしますが、健常者の女性と比べて自分は足りないという負い目があるので、きっとひとりに戻りたくなると思います。人と同じ幸せを求めないでいられるようアドバイスをいただけませんか？

ここ数年でＡＤＨＤという診断名が使われるようになりましたが、少し前までは「あの子、好きなことには一生懸命だけど、落ち着きないよね」と言われるような子が、小学校のクラスに2～3人はいたと思います。ですから、診断されていなくてもその可能性は多くの人にありますし、みんな自分である程度気づいているのではないでしょうか。

私も小学校のとき、成績は良かったのですが、「好きなことには一生懸命ですが、興味がないこととの差が大きい」と通信簿に書かれたことがありました（笑）。ですから、診断はされていないですがＡＤＨＤの気《け》はあると思っています。

私はこういった人たちを、物事を面白がる天才だと思っています。少し変わっているけれど何かに秀でた才能を持っている、そんな人たちが、実は世の中のクリエイティブな部分を担ってきたといえるのではないでしょうか。例えば歴史上名の残る画家や発明家など、奇想天外なことを思いつく人の多くは、おそらく当時は変わっているといわれたはずで、現代ではＡＤＨＤと診断される可能性は大いにあります。いわば、磨けば光る原石。そう考えると、何にもトライせずに時間を過ごすのはもったいないと思うのです。

40代前半という良い時代を、楽しい時間にするかどうかは自分で決められます。ですから、「いろいろな業種を試してみて、だめなら次に行く」くらいの腰の軽さで、時間を有効に使ったほうがいい。辞めても仕方ないと思えばいいし、逆に新しい何かに出合えるかもしれない。また、初期の乳がんを経験したからといって体が弱いわけではないので、就職に関して体調を気にしすぎることはないと思います。

恋愛についても同じです。きっとすごく面白い方だから、この方を面白がってくれる人と出会える可能性はありますし、そんな方と出会えたらきっとうまくやっていける。子どもの有無とは関係なく、自分に興味を持ってくれる人、パートナーとして人生を歩んでいける人と出会えるということは、人生が大きく変わるきっかけになります。

主婦がみんなマルチかといえばそうでもなくて、料理が得意な人もいれば、洗濯、片づけだけが得意な人もいます。マルチでなくても、1つ1つを着実に終わらせる、それでいいんじゃないでしょうか。

また、健常者の女性に対して負い目を感じるというのは、きっと自分が勝手に感じていること。負い目を感じるか感じないかも、自分で決められる。それくらい自分自身のキャラクターに、前向きな受け止め方をして差し上げてください。

ある意味、オンリーワンな魅力を生かせるって、とても素敵なことだと私は思います。

「人の言うことを気にしない力」があると楽になる

Letter

上司や会社から考え方に合わない働き方を求められて、仕事が楽しくありません。多職種で働く現場なのですが、こんなことを学びたいと思っても、私の職種にはそんなことまで期待していないという風潮です。他の職場からうちに来ないかと声を掛けてもらうこともありますが、シングルマザーで生活をしていくにあたり、給料面で居続けてしまっているのが現状です。どこの職場に行っても何かしらの問題には直面すると思って乗り切っていますが……。このモヤモヤした気持ちはどうしたらよいのでしょうか。

ご相談にシンプルに答えるのであれば、「人の言うことは気にしないに限る」ですね。
この方はシングルマザーで、なおかつ他の職場からヘッドハンティングされるくらい優秀な方だと推察します。ですから、もし勉強したいと思っている分野があって、周りに迷惑が及ばないのであれば、上司や同僚がなんと言おうが気にせず、好きに勉強すればいいのです。

自分の職種と関係ないことは勉強しなくていいということは、つまり自分の職業以外の学びはできないということです。

私の場合は、産婦人科の勉強以外はしなくていいことになりますが、実際には産業医やスポーツドクター、自分の強みを把握するストレングスファインダーなど、医者と全く関係のない分野の取り組みもしています。なぜなら、自分がしたいと思っていて、人に迷惑を及ぼさないのであれば、トライしてみればいいと思っているからです。

外見についても、前述の通り私は自分の好きな格好で通勤しているのですが、「医者がそんな格好で」という世間の目はあると思います。でも私は、格好で自分が判断されるわけではないと思っているから、全然気にしないわけです。

私たちは自分の人生を生きていて、人生の舵《かじ》を取るのは自分以外にいません。だからこそ、**自分がしなかったこと、選ばなかったことを誰かの責任にしてはいけません。**「誰かがやめておけと言ったから、誰かに反対されたからやらなかった」というのは、正直、残念な選択です。もし選ばなかったとしても、それは自分の責任で選ばなかったと捉えていれば、きっと次の前向きな選択につながっていくはずです。

女性の人生においては、結婚する・しない、子どもを持つ・持たないといった選択肢が次々にやって来ます。そこで、他人に言われたからそう決めたという感覚だと、次にやって来た困難なことを誰かのせいにしてしまう可能性が高いでしょう。一方、あくまで自分で決めたことが原因で起きた困難であれば、自分なりに頑張って乗り越えようと思えるのではないでしょうか。だからこそ、自分で自身の人生を決めていくという、力強い決意を持っていただきたいのです。

心が繊細な人ほど、しかも相手との距離が近ければ近いほど、言葉や行動、顔色が気になって仕方ないという気持ちもよく分かります。でも、「他人の言うことはあまり気にしない」という考え方は、人生で自分を支えてくれる強い力になりますし、頭のどこかに置いておくと、日常生活が結構、楽になる。

皆さんもぜひ明日から、頭のどこかでつぶやいてみてください。

評価を前向きに受け止めるには

Letter

40代前半の女性です。私は人からの評価が気になりすぎて、自分の実力を発揮できていないような気がしています。先生は、人から評価を受けるときに気を付けていることはありますか？

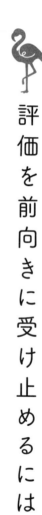

私たちが社会で生きていくなかでは、意識下でも無意識下でも常に他人からの評価を受けています。言葉で伝えなくても、仕事や家族内など、あらゆる場面において評価は生まれているといえるでしょう。

私自身、**初めてお会いする人に対して気を付けていることは、なるべく自分の思い込みを外すということ**です。もちろん患者さんに対しては、困っていることの原因を知るために、生活習慣や生理、家族環境、睡眠時間などを問診票で確認し、ある程度のイメージを持って診療を続けていくことはありますが、それ以外のケースでは、特に社会的な立場や能力などの先入観は省くようにしています。

多くの人は、初めての人に会うときには何かしらのイメージを持って接すると思いますが、気を付けたいのは思い込みに引っ張られすぎてしまうということです。なぜなら、私たちは社会のなかでさまざまな役割があり、状況によって、例えば相談する側、相談される側など、立場は変わるものだから。お互いに先入観を持たないニュートラルな状態で「相手に対して何ができるのか」をシンプルに考えることが、最も効率的なコミュニケーションにつながると思うのです。

もちろん、仕事相手に対して、スキルが高いか・そうでないかを感じることはあります。だからといって、その人自身の人間性を評価することはありませんし、皆さんもそうであってほしいと思っています。

一方、自分がよくない評価を受けたと感じるとき、同時に劣等感や悔しさを感じるかもしれません。しかし、そもそも評価を良い・悪いに分ける必要はないと思っています。世の中の物事をイエスかノーの真っ二つに分けることは簡単ですが、そこから先に進めず、評価だけで終わってしまうことのほうが多いからです。

もし何かに対してよくない感情を抱いたら、自分がそういう感情を抱く理由を考える。あるいは相手に抱かせてしまったら、その理由を掘り下げてみる。そうすることで、自分がよりよく変わったり、前に進んでいったりする前向きな原動力に変えていけるのです。

例えば悪い評価の原因を考えてみて、身だしなみなどのちょっとした外見が評価を下げていると思うのであれば、今すぐ変えればいい。逆に、自分の知識が足りない、自分の持つ情報が相手の役に立たないことが原因と感じるのであれば、そこから勉強を積み重ねていく原動力にする。**「今後初めてお会いした人から、自分が納得できる評価を得るために、何をすればいいか」**、そう考えていけばいいのです。

誰かに何かを評価されたとき、まずは自分の状況や気持ちを30センチぐらい離れたところから客観視してみる。すると自分が納得できる評価だったとしても、そうではなかったとしても、割と冷静に過ごせますし、次への一歩につなげていけるはずです。

他人の評価を気にしすぎない生き方は自由を生み出す

私はよく人から、「自由な人ですね」とか、「自由に生きてますね」などと言われます。特段そんなつもりはないのですが、見た目やファッションが「女性らしい・医者らしい」ものでないことや、大事なことは臆することなく発言するといった振る舞いも含めて、自由に見えるのでしょう。

けれど、**一番私の〝自由さ〟をつくっているのは、おそらく人からの評価に左右されないところだと思うのです。**

人からの評価というものは、学生時代はある程度は必要だと思います。なぜかというと、「ここまで達しておいてほしい」というスキルを身に付ける期間だから。そのためにテストで評価されて、足りていない部分が指摘され、次はその部分を頑張っていこうとする。けれど私は正直に言うと、これすら「必要あるのかな」と思ってしまうタイプでもあります。

一方仕事では、「やるべきこと」が「できた」ということに対価が生まれ、人からの評価を自分の価値として受け止めやすいわけですが、それも「社会の中で守るべきルールは守る」という大前提ができていれば、過剰に気にする必要はないと思っています。

私がそう考える理由のひとつは、自分自身の良さが消されてしまう恐れがあるからです。実際に世の中には、人の評価を受けて発言や行動、実践をやめたり、セーブしてしまったりする人も少なくありません。けれど、そもそも周りの評価が正しいのか、価値がある評価なのかは分からない。評価を気にして自分の活動をセーブしてしまうということは、もしかすると自分の良さを自分で抑制してしまうこと、いわば自分自身の人生を生きていないともいえると思うのです。

私の勤務するクリニックにおいて、私は副院長であるため評価する側になりますが、できるだけその人の良いところ、他の人と違っているところを伸ばすような視点で評価することを心がけています。

2つ目の理由は、自分のすべてが評価されているわけではないということ。他人というものは、ある意味、1方向からしか人を見ていない可能性が高いですが、多角的に人を見ると、良いところやそうでないところ、その人が気づいていない良さもあるはずです。ですから逆によくない評価をされても、「自分の良いところをちゃんと知っているのは自分だけ」という気持ちでもいいと思うのです。

その上で大切なことは、**自分が本当に大事だと思う人からの評価にはしっかり耳を傾ける**ということです。自分がこの人のアドバイスだったら聞きたいと思う人は、おそらく自分にとって価値のある人で、自分がもらったほうがいい評価である可能性が高い。さらにいえば、どうでもいい人からの評価は本当にどうでもいい。価値があると思う評価を、次なる自分のステップに生かしていけばいいのです。

私は毎日いろんな発信をしますが、SNSに対する反応にもあまり重きを置きません。なぜかといえば、自分が好きなことを発信していて、それに対する反応はみんなそれぞれであって当然だと思っているからです。自分の発信に対していいねと思ってくれる人もいれば、気に食わない人もいるのが当たり前なのです。

こうした周りの波風に対して自分自身が自由でいられたら、きっと毎日がもっと楽に過ごせるのではないでしょうか。

オーラがないと思っておられる方へ

Letter

人前に立つ仕事なのですが、オーラがないと言われます。オーラを身に付けるにはどうしたらいいでしょうか？

オーラってなんだろうと考えてみると、その人がまとっている雰囲気や空気ですよね。「オーラがある」という表現は、周りと比べて目立っていて存在感がある、迫力があるといった場合に使われるような気がします。また、良い意味だけではなくて、「今は話しかけるなオーラ」のように、人を拒絶するような雰囲気を醸し出しているような場合にも使いますよね。逆にオーラがないというのは、その他大勢、十把《じっぱ》一絡《ひとから》げというか、分かりやすくいえば〝存在感がない〟という表現になるのかなと思います。

では、オーラがある人というのはどんな状態かというと、まずは**自分に自信がある状態**だと思います。

自信があるからこそ胸を張って姿勢が良く、背筋も伸びている。そうした堂々とした姿勢や表情に、人はインパクトを受けるのだと思います。そのほか、ファッションや髪形など、一度見たら忘れられないような個性的な外見もオーラを感じさせる理由になるかもしれません。

オーラがあるから良いというわけでもないし、逆にオーラを消せる人、自分の周りにいる人たちと空気を一体化できるという人もいますよね。同時に、オーラが全くない人はいないと私は思うのです。

いずれにせよ大切なポイントは、**オーラは自分から醸し出すものではなく、周りの人が感じ取るもの**だということ。もうひとつは、**背伸びをしてすごい人になろうとしない**こと。自分で一生懸命オーラを出そうとするのもおかしいですし、必死だったり余裕がなかったりする状態では、オーラのある存在からかけ離れてしまうでしょう。

これはアスリートがよく言う「勇気や感動を与えたい」という言葉に対する違和感にも似て

いて、オーラと同じように、勇気や感動を感じる・感じないは受け取る側の気持ちだと思うのです。

ですから、オーラがある状態で過ごしたいなら、まずは自分に自信を持てるような取り組みをすること。次に、目線を上げて良い姿勢を保つこと。また、美人であるかや、格好いいかどうかは関係なく、生き生きとした、その人なりの良い表情をしていることが大切です。

その上で、自分の個性を上手に周りの人に示してみる。私の場合は、個性的な髪形や服装から強い印象を持っていただくことも多いのですが、このように周りに迷惑のかからない範囲で、例えば洋服の色みや組み合わせを少し変えてみたり、好きな帽子や眼鏡など印象に残るようなアイテムを身に着けたりと、物質的な面で工夫をしてみるのもひとつの手だと思います。

自分のことを好きでいるための3つの考え方

私は普段から「自分のことが大好き」と発信していますが（笑）、「なかなか自分のことを好きになれない」というご相談を受けることがよくあります。今回はそんな方たちに、「自分のことを好きでいるといいことがあるよ」というお話をしたいと思います。

私が自分のことが好きな理由を考えてみると、1つ目は外見です。まず、自分の外見が100％満足という人は世の中にほとんどいないでしょう。私自身も5年前と比べれば、腰周りにお肉がついたなと感じますし、もう少し鼻の付け根が高かったらとか、目がパッチリ二重だったらいいな、などと思うこともありますが、その1つ1つを取り立てて悩むことはありません。なぜなら**自分の体、それからファッションや髪形など、トータルで見たキャラクターが結構好き**なので、それでいいと思っているからです。

2つ目は、**自分のこれまでの人生が好き**ということ。人生には、いじめられた経験だったり、学校や職場、身近な人との間の嫌な思い出だったり、黒歴史といえるような経験は、多くの人にあると思います。けれど、今の自分をつくり上げてくれたのは、これまでの経験があってこそと思えば、黒歴史ですら愛すべきエピソードだと捉えられるでしょう。

一般的な経験には、「良いこと・よくないこと」の両方が含まれていると思います。また、私たちの脳は、自らの命の存続に対してリスクになるような嫌な記憶を薄めて残してくれるともいわれていますから、嫌な記憶というものもいい感じの記憶に塗り替えられている可能性がある。そんなことも考えながら、自分のこれまでを愛することもおすすめです。

3つ目は、**自分の考え方が好き**ということ。これはポジティブ思考・ネガティブ思考のどちらかに分ける必要はなく、ネガティブなときでも部分を細かく見ることで、「今日はこの部分はいい考え方ができたな」と捉えるのもよいでしょう。

最後に、**自分の運の良さも好き**です。運がよくなかったなと思う出来事でも、最終的に起こってよかったと総合的な判断をするのです。例えば、仕事がなくなったときに、そのおかげで新しい仕事を探すアクションを起こせた、自炊を楽しむようになったと捉えてみる。こうしてたまたま起こったことに関して〝結果オーライ〟のような考え方をするのも、自分のことを好きでいるための大事なポイントです。

ここまでを聞いて、「どれも悪いところに目を向けていない」と思われるかもしれません。けれど、あえて悪いところに一生懸命フォーカスする必要はないのです。もし自分のことを好きでないなら、1日だけでも自分の良いところだけに目を向ける日をつくってみるといい。そうすれば、それをきっかけに自分の好きなところが増やせるはずです。

私の日常も、いいことばかりで埋め尽くされているわけではありません。けれど、ほとんど毎日が自分にとっていい日だったと思える理由は、自分や身の回りの出来事に対してこのような捉え方をしているからだと思うのです。

皆さんもぜひ、ご自身の良いところ・イマイチなところも含めて、自分のことを好きでいてあげてください。自分のことを100％理解できる可能性があるのは、ご自身だけなのですから。

誰から見た「魅力的」が一番うれしいか

先日、「先生にとって魅力的な人はどんな人ですか？」と聞かれて、改めてその意味を考えてみました。

私が一番魅力的だなと思うのは、**自分の良さを十分に知り、自分らしい人生を生きている方**です。自分らしさとは、自身のアイデンティティーや強み、人とは違う個性でもあり、私はそれこそが、自分を輝かせられる部分だと思っています。

自分の良さを自身が前向きに理解をした上で、それを周りにも知ってもらう努力をしている方、つまり周りに理解してもらえるような立ち居振る舞いや言動、発信を続けている方はとても魅力的に感じます。

世の中では、その人らしさを、「良い・よくない」の2つに分ける傾向があるように感じますが、人の良さというものは、実際はその境界すれすれにあることも多い。ですから、自分の良さをご自身がきちんと理解しているのなら、人からの「良い・よくない」は気にしなくていいと思うのです。

私は、世の中の多くの人は自分らしさや個性を埋没させてしまっているのではないかと感じていますが、その背景には、私たちが育ってきた学校教育があるのかもしれません。正解は1つのみで、100点満点の上限や、5段階で相対評価をされる。ランドセルの色や制服の丈、靴下の長さなど、〝みんなと同じ〟を良しとするルールは、今となれば正直「どうでもいいことばかりだった」とも思います。

もちろん学校教育というのは、人生におけるルールや規範を身に付ける練習をするための期間ともいえるため、それらを繰り返す時期があってもいいと思います。その練習を経て十分にルールを守れるようになった人が、大人になってあえてそれを選ばないという選択肢について、現代は大きく門が開かれていると思うのです。

昨今では、マイノリティー(少数派)という言葉を社会で聞く時代になりました。よく耳にする言葉にセクシャルマイノリティー（性的少数派）がありますが、何もセクシャルだけでなく、さまざまな部分においてマイノリティーは存在するのです。

例えば、私のように女性でモヒカンの髪形をしている人は相当なマイノリティーですし、東京にいてジャイアンツではなく、ドラゴンズが好きならマイノリティーでしょう。一方、私は女性で、オレンジや黄色の暖色系が好きなのですが、この感覚は女性のなかではマジョリティーかもしれません。

つまり、**私たちはマジョリティーとマイノリティーの部分の組み合わせで出来上がっていて、そのマイノリティーの部分がいわば人との違いといえる。**さらに、その部分を自分が好きと捉えられるなら、それが自分の魅力になるのです。

いずれにせよ、これからは個を輝かせる時代です。世の中に認められるか認められないかは関係なく、自分の個性や考え方を世の中に羽ばたかせることができるのです。ですから私は、世の中のルールやしきたり、守るべき部分もきちんと分かった上で、自分らしさを大切にしていきたいと考えています。

わずか１００年ほど前の日本では、個性を輝かせようとすれば、〝出る杭《くい》〟として打たれた人もいたはずです。けれど今は時代がどんどん変わり、魅力的という言葉の意味も広がっていて、例えば「女性ならでは」という言葉のイメージも、みんなが違っていたとしても構わないのです。

そんななかで、私自身は個性を埋没させずに過ごしてこられた、割とまれなタイプだと自認しています。おそらく両親や学校の先生方、友達や仲間たちが、私の〝出る杭〟をたたくことなく守ってくれる存在でいてくれたからこそ、自己肯定感を高く持ちながら過ごせているのだと、本当に感謝しています。

誰から見た「魅力的」が大事かといえば、自分にとって自分自身が魅力的かどうかが一番なのです。ですから、まずは自分が人と違う部分を前向きに認めて、自分が、自分にとって魅力的な人でいるかどうかを見つめてみてはいかがでしょうか。

前向きな自分でいるための3つのポイント

先日、同年代の方たちが集まる定例のヨガ講座がありました。このグループの皆さんは前向きな方ばかりで、人と自分とを比べるということがなく、人を妬むという言葉が想像できないような、気持ち良い人付き合いをされる方ばかりなのです。毎回私自身も学ぶことが多く、自分のキャラクターを伸ばしてもらえるような、充実した時間を過ごしています。

では改めて、人が前向きでいるためのポイントは何かと考えてみると、一番大事なことは**人と自分とを比べない**ことだと思います。ヨガのレッスンではよく「人とポーズを比べないように」と言われますが、人は他人と自分とを比べたときに、初めて〝妬む〟という気持ちが生まれると思うのです。ですから、もし妬むという気持ちが生まれたなら、自分が何に追いつきたいのかを言葉にして、明確にするということが必要なのかもしれません。

2つ目のポイントは、自分が決めるハードルを上げすぎないということです。そもそも、ハードルというのは自分が決めるものですから、このハードルを低く設定することも、前向きでいるためには大事なことでしょう。

例えば、毎日やろうと決めた習慣ができなかったとき、できないから諦めるのではなく、「1日おきだったらできるかな」と1つハードルを下げてみる。このハードルを下げることによって前向きであり続けられるのであれば、それは良い選択だと思います。

そして3つ目は、過去の過ぎたことに自分の心を動かされない、わざわざ感想を持たないということです。前向きな懐かしい気持ちを持つことはよいのですが、思い出して落ち込むような過去であれば、わざわざ記憶を掘り起こして心の動きや波を生む必要はないのです。

そもそも、私たちにとって過去に起きた事実は変えられません。過去を考えて前向きになれないのであれば、限られた時間のなかで、自分で変えていける未来のことにのみフォーカスする意識を持つほうが、良い方向に進めると思うのです。

もちろん、前向きな人たちの日常にも、前向きでない時間はあるでしょう。けれど、私たちが未来を良くしていこうと思うとき、前向きな考え方がベースにある場合とそうでない場合とでは、生まれるものが随分と変わってくると私は思うのです。

Chapter 2

つらい気持ち、不安とどう向き合う？

不安に対して「まいっか」と思えると人生すごく楽です

不安というものは私たちのすべての感情のなかで、最も自分でコントロールがしにくく、不安は私たちの冷静な判断能力を低下させる原因になり得ると考えられています。

さらに、私たちは不安な気持ちになると、目の前の心配事ばかりを見てしまう、いわば心的な視野狭窄《きょうさく》の状態になりやすいともいわれます。例えば、ほとんどうまくいっている１カ月のうち１日だけでも、遅刻したり、やきもきしたりする経験をすると、そのよくない１日に私たちの意識は向きやすくなり、うまくいかなかった記憶として残るのです。

これは人との信頼関係だけではなく、コロナ禍の状況で買い占めをしたり、〝自粛警察〟のような行動をしたりするような心理にも当てはまるでしょう。

私たちが不安を感じるのは、うまくいかなくなる可能性を感じたときです。例えば、電車が遅れたり、渋滞にはまったりしたとき。この不安の正体は、待ってくれている友達、仕事の相手先との信頼関係など、自分が大切に思っているものを失う恐れだと思います。つまり、今感じている不安というものは、先に起こり得る未来に対する不安のほうが大きいのです。

そんなときに皆さんに提案したいのが、「まいっか」という判断をすることです。具体的には、**「良かった・とても残念」という2つの気持ちの間に、「まいっか」という判断の箱を置いておくイメージ**です。「まいっか」という判断をすることによって、私たちの気持ちが楽になり、不安な気持ちにならずに済む可能性が高いですし、実際にこの箱に入れられるような出来事は、少し時間がたつとどうでもよくなる可能性も高いのです。

当然、大事な商談に遅れるのは避けたいことです。けれどアクシデントが起きて遅れそうなとき、きちんと先方に伝えれば理解は得られると思いますし、そこで理解されないような関係性であれば、そこから先もうまくいかない可能性が高いという判断材料にもなるでしょう。

怒りの感情も同じです。車で割り込みをされて、怒りが湧いたとしても、頭に昇った血を抑えるために、「まいっか」の箱にその気持ちを収めて、今と全く違うことに目を向けてみる。そうすると、3分後にはどうでもいい気持ちになっているはずです。

このようにすべてのアクシデントで起こる不安や怒りに対して、「良い・悪い」の真ん中で自分の判断を自由にしてみると、とても人生が楽になると思うのです。

無理なポジティブ思考はおすすめしない

昨今のコロナ禍において、私の周りにもメンタルに不調をきたす人が少なくありません。それらの人の多くは、自分自身が「こうしなくては」という理想を持っていて、その理想に近づけなくて落ち込んでしまうケースが多いように感じます。

私たちがうつっぽくなる原因は、大きく分けて３つあると考えています。１つ目は、恋愛やパートナーとの関係性などのプライベート、２つ目は仕事関係、３つ目は個人のパーソナリティーの問題。社会においては、プライベートの問題で頑張れずに仕事でも悩みが生まれるなど、この３つが絡み合って悪循環に陥るケースも見受けられます。

この３つに共通していえることは、無理なポジティブ思考はおすすめしないということです。

もちろん、ポジティブに考えられる状況であれば、そのほうがこの先うまくいくでしょう。けれど、**本人ができないことや迷惑をかけたことなどで頭の中が混沌としている状態で、あえて「前向きに頑張ろう」と自分のなかのハードルを上げるのはつらいですし、さらにポジティブになりにくい状況が生まれるでしょう。**

特にプライベートや仕事に関しては、必ず相手がいるわけで、自分ひとりで解決できる問題はほとんどありません。パーソナリティーに関しては、自分のなかである程度変えていけることですが、人間関係については避けて通れないでしょう。こうした問題が起きたときにあえてポジティブ思考でいることは、無理して頑張るという選択であるため、燃え尽きやすくもあるのです。

これは私自身、産業医として仕事関係の問題をサポートするときも、大切な友達にアドバイスする立場にあるときも常に気を付けていることです。

「前向きだよね」とよく言われる私ですが、正直、前向きになれない状況のときもあります。

そんなときはあえてポジティブになるのではなく、前項でお伝えした「まいっか」の箱に問題を置いておきます。自分の頭の中からホワイトボードに書いた文字のようにさっと消して、一時保留にするのです。すると頭の中で絡まっていた物事のいらない部分が消えて、大切な道筋や原因が見えてくる。同じように怒りや悲しみ、悔しさなどの感情も、時間を置くことである程度沈静化していきます。

真面目な方や向上心の強い方、責任感の強い方であればあるほど一生懸命になりがちですが、**自分が良い状態で頑張るということと、無理して身を削ってどうにか頑張るということとでは、その先に生まれるパフォーマンスは全く異なります。**

ですから無理にポジティブ思考をせずに、「まいっか」と一度手放してみることで、私たちはとても楽になりますし、次に進むためにはとても大事な選択だと思うのです。

不安を消す一番の方法は、行動を起こすこと

Letter

42歳、会社員の独身女性です。感情の揺れによって泣いてしまうことが多く、自分が未熟で情緒不安定なのではないかと感じます。コロナ、職場での肩書、プライベートの不安、もろもろが重なって、考えるたびに涙が出ます。泣いてしまう自分にどう対処すればいいのでしょうか?

私がスポーツドクターとしてアスリートに接する場面でよく感じるのは、「メンタルの相談をするのはアスリートとして未熟」と考える人が少なくないということで、この方の「泣くのは未熟でメンタルが不安定」という考え方も、これに近いように感じます。

特に日本のアスリートは、「メンタルの不安を打ち明けることは、自分の弱さを認めたこと

になる」と考える傾向にあるため、日常的にサポートを受けるアスリートはまだまだ少ないのが現状です。一方で海外のトップアスリートは、メンタルのケアがパフォーマンスに影響を及ぼすことを知っていて、落ち込んだときに専門家や専属カウンセラーに頼ることは珍しくありません。

この方にお伝えしたいのは、泣くことは自然な体と心の変化であり、決して悪いことではないということ、**涙が出るのは、感情を自分で消化するひとつのアクションとして捉えればいい**ということです。特に、気持ちの変化によって流れる〝情動の涙〟は、脳の前頭前野が発達している私たち人間にしか流せない涙といわれています。

世の中には泣かない人もいますが、おそらく無意識に涙をコントロールしていると考えられます。前述の前頭前野は気持ちの切り替えも担当していて、怒りを静めたり、涙を抑えて感情を切り替えたりする役割を担っています。ですから、感情的に泣くことを避けてきた経験がある人は、切り替えに慣れているために泣かずに済むともいえるでしょう。

一方で、泣くという行動は、生理周期に揺さぶられている可能性もあります。実際に、生理前にセンチメンタルな気分になって泣くという女性は少なくないですから、生理周期がある程度安定しているのなら、自分がどんなタイミングで泣きたくなるのかを観察してみることも大切です。

涙は喜怒哀楽のすべての感情で流れるということが知られていますが、この方の問題は、泣くことよりも「不安に感じること」ではないかと思うのです。この点において、もう1つレターをご紹介します。

Letter

結婚を前提に交際していたのですが、約半年前にあまりにもひどく傷ついた別れ方を経験しました。やっと最近、その傷にかさぶたができたと思っていましたが、たまにその相手の残像がふっと思い出されることがあります。あまり幸せな恋愛ではなかったことから、悔しさや怒りや恨みなどがよみがえり、感情に振り回され、つらくなります。どう対処したらいいでしょうか。

こういった状況を乗り越えていくための方法は1つしかありません。それは、**同じような状況を違う形で経験し、自分の記憶を上書きする**ということです。

この方の場合は、彼との思い出が日常生活や出来事に隠れていて、見るたびに傷ついてしまう。例えば彼氏とディズニーランドに行ったことがあったとしたら、ディズニーランドは彼氏を思い出すきっかけになり、お土産の袋を持っている人を見るだけでも泣けてくるかもしれません。この状況を変えていくには、友達など別の誰かとディズニーランドに行ってしまうこと。ディズニーランドの悲しい思い出を、楽しい思い出で上書きしてしまうのです。

不安や悲しみの気持ちを変えるためには、とにかく積極的に自分が動いてやってみるしかありません。彼との思い出のカフェに何度も行ってもいい。何かアクションを起こすことで、「意外と簡単に乗り越えられるんだ」と感じるはずです。

もちろん、動くのがつらいときは待ってもいいのですが、私たちは何かを自分なりにできないということが不安の原因になり得ますから、その不安が意外に軽くクリアできるのだということを、自分に言い聞かせることが必要だと思うのです。

失恋してつらいあなたへ

Letter

2カ月ほど前に、3年間付き合った方とお別れしました。結婚を考えられる相手でしたが、年下ということもあり、将来の起業に向けて今は仕事に集中したいとのことでした。別れ際があまりよいものではなく、私自身はまだ好きだったため、うまく気持ちの切り替えがつきません。今後どこかで出会ったときに成長していたいと思う半面、どこかで諦め切れない自分もいます。「時間がたてば」なんて言いますが、今のこの状況がとてもつらいです。

私が人生の折り返し地点に来て感じているのは、人生はいろいろなことが偶然起こるように見えるけれど、大きなシナリオは私たちが生まれてくる前にすでに描かれているのではないかということです。

つまり、人生の方向性は自分の意思で決めていると思っていても、**自分自身が何を学ぶのか、何を成し遂げて人生を終えるのかということは、私たちの意思をはるかに超えるような、大きな流れによって導かれている**、そんな感覚を持っているのです。

そんななかで、人との出会いについても、偶然ではなく必然ではないかと思うのです。例えば日本には1億2000万人以上の人がいて、仕事や趣味を通して出会う人たちは、ほんの一握りです。さらにそのなかで、お付き合いをする方というのは本当にごく一握りの縁の深い方といえるでしょう。そう思うと、結婚を考えるような相手と、3年間良い時間を過ごせたのは素晴らしいことだと思うのです。

私たちが過ごしてきた時間に、無駄なものは1つもありません。きっとこの3年間も、出会いから生まれる喜びや楽しさだけでなく、つらさや悲しさを感じたり、関係のなかで新しいスキルを身に付けたりと、ご自身にいろいろな変化があったでしょう。そして、これらの経験は私たちにとって大きな成長につながるはずです。

今回は結婚という形には至らなかったけれど、これから人生を積み重ねていくなかで、また新しい人と出会って、パートナーとなり、その先家族をつくることもあるでしょう。そのときには、さまざまな成長を経て出来上がった自分が、また次のステップで他の誰かと交流を持っていく。〝彼との3年間がつくった自分〟を好きになってくれた人との、新しい時間が続いていく。そんなイメージを持つといいのではないでしょうか。

今は、心臓がギュッと握り潰されるようなつらい時期だと思います。前述の通り、恋愛で傷ついた心は、別の新しい経験をすることで上塗りしていくしか埋める方法はありませんから、いろんなものを見るたびに彼との時間を思い出すきっかけはまだなくならないかもしれません。

けれど、そういった経験がないよりあったほうが、きっと人間として豊かになっていけるはずです。ですから今は、自分がどうなりたいのか、何ができるようになりたいのかを考えるような、棚卸しをする時間にするのはいかがでしょうか。新しい出会いや仕事などに目を向けたり、スキルや趣味を磨いたりするのもいいと思います。

私たちは自分が思うよりもずっと強い生き物です。いずれは「あの頃もよかったな」と思える日が必ず来ます。ですからその心の痛みを、ぜひご自身のこれからにつなげていただきたいと思うのです。

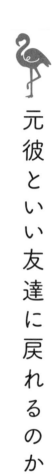

元彼といい友達に戻れるのか

Letter

23歳の大学院生です。先日、交際していた彼氏に別れを告げられました。交際する前は、なんでも本音で話せる数少ない友達で、自然と交際に発展しました。彼は「他に好きな人ができてしまった、前のような友達の状態に戻りたい」と突然伝えてきました。以来、なんでも話せる友達に戻ろうとはしていますが、彼に会うとまともに会話ができません。彼のことが頭から離れず、涙が止まりません。私は今でも好きだし、またいつか普通に話すことができるのかと1日中考えてしまいます。彼と今までのように話せるようになるには、またこの沈んだ気持ちを晴らすにはどうすればいいでしょうか。

きっと今が一番しんどいときだと思います。頭から離れない、涙が止まらないというのは、ご自身がおっしゃる通り仕方のないことです。なぜかというと、今でも大好きだから。けれど、残念ながら彼のなかにはあなたと同じくらいの気持ちはもうないわけです。

一番酷なのは、「なんでも話せる友達に戻りたい」という彼の言葉ですよね。付き合っている状態というのは、世の中のたくさんいる人たちのなかで、お互いに2人だけが知っていることが多く存在する関係性といえます。けれど友達なら、お互いに知らないことがあってもおかしくない。さらに、今彼が好きな人とお付き合いをするようになったら、当然この方が知らないことも生まれてくるでしょう。

彼に新しいパートナーができるまでであれば、本音でなんでも話せる友達でいられる可能性はあるかもしれない。けれどそれには、お互いの思いが同じ程度でなければなりません。一方の思いが強くて片方がそう思ってないと、思いの強いほうがつらくなると思うのです。

また、友達という関係性は、ご自身の気持ちがもっと落ち着いて、冷静に接する状態になれない限り、成り立つのが難しいでしょう。楽しかったこと、嫌だったこと、いろいろな出来事が良い思い出になって「そんなこともあったよね」と話せるのは、年単位で時間が過ぎた後だと思います。

彼は「他に好きな人ができた」と言っているわけですから、あなたに対する気持ちは恋愛感情としてはかなり薄れていて、新しい何かに向かっている、そんな気持ちのほうが強いのだと思います。いずれにせよ、すぐに彼の1番には戻れないし、これから先もその可能性はないと考えておいたほうがいいでしょう。

今は一時的に連絡を取らない状況をつくったほうが、早く気持ちを立て直せることができるのではないかと思います。実際に会ってしまうと、「今までは家まで送ってくれていたのに」というように、以前と今とを比べて落ち込んでしまいますよね。

今できることとしては、なるべく彼と連絡を取らないこと。大好きという気持ちは大切に心の奥に置いておいて、連絡しない、会わないという意識を自分でリードしていく。そういった努力を続けるうちに、好きという気持ちを大切な思い出に変えていけるのではないでしょうか。

その上で、新たに良い関係性を持てるパートナーに出会えるようなアクションを起こしてみると、プラスの感情が生まれてくると思います。恋愛に対する意識を、何か新しいことにトライできないかという方向に向けて、その時間を増やしてみる。ぜひ、こんな時間の使い方をおすすめしたいなと思います。

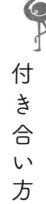

キラキラしているSNSとの付き合い方

Letter

50代の専業主婦です。stand.fmをはじめ、いろいろな方が発信するSNSに元気をもらっています。ただ最近はキラキラ輝く若い方たちが羨ましく、嫉妬してしまいます。みんなが芸能人のように発信できる時代で、自分にはないものを持っている人たちが羨ましいです。年齢は関係なく、発信の機会は皆に平等であることも分かっています。成人になる子どももいて、今までそれなりに頑張ってきたことを誇りにも思っていますが、周りを羨ましく思ってつらくなる気持ちとどう付き合っていったらいいですか。

昨今、SNSとの付き合い方がよく話題になっていますが、まずご提案したいのは、ご自身でやってみるということです。この方は他人のSNSがキラキラして見えるのが悩みということですから、おそらくそれ以外に困っていることはあまりない方だと推測します。時間があるようなら、実際に自身でやってみることで、いろいろな気づきがあるのではないでしょうか。

手軽に始められるSNSとして、インスタグラムがあります。私のインスタは雰囲気写真がほとんどで、私のSNSのなかでは「最も役に立たない」と言われていますが（笑）、一般的にはかわいいものやいい雰囲気のもの、おいしそうなごはん、旅先の写真など、キラキラの代表といえるSNSです。そもそもが見栄えを競っているようなものなので、キラキラしているのは当然ともいえますよね。

そんななかで、個人的におすすめしたい発信の仕方は、「〇〇縛り」です。私の知り合いで、〝白目〟の顔写真だけをアップしている人がいるのですが（笑）、キラキラした発信が多いなかで、1つのテーマを粛々と上げていくのって面白いですよね。何も特別なものでなくても、例えば湯のみ茶碗でもいい。インスタは検索ツールとして使う人も多いので、ハッシュタグの検索で同じ趣味の人と出会える可能性も高いでしょう。

一方、私が大好きなツイッターは、限られた140文字以内で簡潔に発信するもので、私にとっては記録のためのツールです。続けている理由は、私がこれまで出会った方たちに対して、日常的に気軽に情報を届けられること。雑誌や番組の出演情報などもアップしています。また、フェイスブックはリアルな知り合いとのコミュニケーションの場で、私にとっては日記のような役割です。

1つ心に置いていただきたいのは、SNSは日常の一部分だけを切り取った姿だということです。人はそれを見て、素敵だと思ったり、羨ましがったりする。けれど昨今は、自分で写真も自由に加工できますし、キラキラしたさりげない1枚も、もしかしたらかなり手間をかけた上でアップされた可能性もあるわけです。また、**「キラキラしている」と受け取るかどうかも私たち次第であり、みんなが同じように受け取るわけではありません。**SNSはその方の一側面であると理解し、それでも嫉妬する気持ちがつらいのであれば、離れてみるのが一番だと思います。

確かに、昔はこのように自分の思いを手軽に発信する方法はなかったですよね。けれど、私が10代や20代の頃にあればよかったと思うかといえば、手書きの日記やプリントされた写真など、自分なりの記録が残っているので、当時は当時でよかったなと思っています。

いずれにしても、時代はどんどん進化して、新しいSNSが今後も次々と登場してくるでしょう。それに対して、「へえ、こんなものもあるんだ」と気軽に捉えて、トライしてみる・してみないも自由に判断する。SNSは、そんな気楽な付き合い方をしていく対象であると私は考えています。

人から受ける影響をプラスに変換する

私が勤務するクリニックの外来では、中学生や高校生のアスリートの方もたくさん受診してくださるのですが、先日「お母さんが偉大すぎて太刀打ちできない」と話してくれた若い患者さんがいらっしゃいました。偉大というのはプラスのイメージで語られているのですが、行間を読むとマイナスのイメージも部分的にあるように感じました。

実は、このように〝お母さんが出来すぎていてお嬢さんが萎縮する〟というパターンは結構多いと感じていて、診療にお母様が同伴され、メインでお話しされるのはお母様、といったケースも少なからずあります。このようなケースでは、本人からもできるだけ話を聞くようにしていますが、やはり〝同性の大先輩〟であるお母さんの影響はかなり大きいと思うのです。

とはいえ、実際に考えるとお母さんと娘さんの年齢差は20～30歳くらいです。偉大な存在に見えるかもしれませんが、人類の歴史から見たら、この年齢差なんて微々たるもの。私たちが社会で恋をしたり働いたりして、悩みごとを抱えるような生産年齢人口に相当する年代においては、あまり大差はないのではないでしょうか。

例えば大学時代、医学部における体育会系の部活では、6年生と1年生、5歳上の先輩との差は歴然でした。また、0歳児と5歳児、超高齢者の5歳差も随分違うでしょう。けれど私たちが社会に出てみたときに、5歳程度の違いは大差がないことに気づく方も多いのではないでしょうか。

しかし、この患者さんにとっては、おそらくお母さんから掛けられる言葉だったり、受ける圧だったり、その1つ1つが大きく感じられるのでしょう。さらに、この影響は次の世代にも受け継がれます。なぜなら、**私たちが経験してきたことは、無意識に自分に刷り込まれ、その経験が私たちの行動や言葉を生み出す**からです。

そう考えたときに大切なのは、自分はどんな影響を受けてきたかを常に頭のどこかに置いておくということです。この方の場合なら、「お母さんのこの部分は私にとって良い影響、この部分はよくない影響を及ぼしている」、そんな客観的な感覚を持ちながら過ごしていくことが大切なのです。

同時に、私たちが生み出す言葉は、私たちの脳にイメージを刷り込んでいきます。私たちが同じような言葉を選び続けるうちは、同じような思考回路をたどることでしょう。同じ思考回路からは、同じような言葉しか生まれてこないからです。

つまり、言葉は私たちの頭の中そのものを表していて、**起こった物事に対してポジティブな言葉を選ぶ人は、前向きな頭の中の流れが自然に生まれている。逆にネガティブな言葉が自然に浮かぶ人は、常に頭の中が心配や不安、恐れといった方向に向いている可能性が高いのです。**

もしあなたが親からの悪い影響を感じたり、圧がつらいと感じたりしているのであれば、ぜひ「自分は、他の人や自分の子どもにはそうしない」という強い気持ちを持ってください。

一方で、私たちが見ているのはその人の一部であって、その人はまた違う側面を持っている可能性もあります。ネガティブな印象を持っても、違う面から見たら素晴らしい方だという可能性もある。そんなことも頭に置きながら、人から受ける影響を上手にプラスに変換していきたいものです。

Letter

ストレスに強い自分になる方法

60代の女性です。最近、愛犬の体調が優れず、それに伴うかのように自分も体調を崩しています。今までも、ストレスによる過敏性腸炎や自律神経失調症に悩まされてきました。ストレスに強くなり、自分の体にダメージを受けないための方法はありますか。

まずお伝えしたいのは、自分の周りの大事にしている人やものの調子は、私たちの調子に無意識に影響を及ぼしているということです。

例えば家族の誰かの調子が悪いとき、当然悩み事は増えるでしょう。病気やケガであれば対策方法がある場合も多いのですが、メンタルの不調やグレーゾーンの未病など、病名が付かないような不調の場合は特に、ご家族はきっとやきもきしますよね。

いい換えれば、みんなの調子が良いときは、「周りの調子が良いから自分も調子が良い」ことになかなか気が付けない。周りの不調に自分が引きずられたときに初めて、周りからの良いとはいえない影響に気づくのです。そう考えると、周りのみんなが日々元気でいることが、私たちのメンタルに良い影響を及ぼしていることは間違いありませんし、それぞれがある程度自立して前向きに過ごすことは非常に大事だといえるでしょう。

さて、メンタルから来る体の不調には、過敏性腸炎などのお腹の不調や自律神経系の不調などがありますが、その主な原因は、24時間のなかで交感神経が優位な時間が多すぎることです。私たちの内臓機能は自律神経によってコントロールされていて、ストレスを感じている状態、つまり交感神経が優位な状態では、血管が収縮し血流が減少するため臓器の機能も落ち、いろいろな不調が体のサインとして表れてきます。また、心と体は一体ですから、心の調子の悪さは体にも表れます。体の不調を感じて、初めて心の不調に気づく人も多いのです。

一方で、成人前のお子さんやペットはどちらも「守るべき対象」といえます。一緒に過ごす楽しみや喜びがある一方で、保護者として一緒に過ごしていくという選択をした責任を、自分なりに前向きに果たしていく必要があるでしょう。

では、周囲からストレスを受けないために何をしたらいいか。その一番シンプルな答えは、

「人のことを気にしないこと」です。自分自身がどうありたいのか、どうしていきたいかを自己中心的に考える。こういったスタンスが一番、ストレスを受けにくいでしょう。

ストレスには「テストのために勉強を頑張ろう」といった、前向きに頑張れる材料になる、プラスに作用するストレスもあります。けれど、ストレスの度合いが強すぎたり、ストレスな状態が長く続きすぎたりすると、私たちに焦りを生むようなよくないストレスになってしまうことも知られています。

ストレスに強くなるために大切なのは、起こっている物事をストレスとして捉えないこと、つまり「鈍感力」です。偶然目にした言葉や風景、ＳＮＳも、自分とは関係のない出来事と流していく。大きな目のふるいにかけて、いろいろなものを手放していく。そんなイメージを持って、「気にしないこと」を増やしていくのです。**ふるいにかけても、私たちは大切な誰かの意見には反応しますから、最後には大事なものだけが残るはずです。**

ストレスの体へのダメージは、人によって個人差が大きいものです。自分はストレスを感じやすいタイプだと、客観的に気づいておくことも重要です。その上で、自分が今、経験している物事が強いストレスになり得ると思ったら、忘れる、寝る、違うことに取り組むなど、そこから自分自身が逃げ出す努力をすることも、ひとつの有効な選択肢といえるでしょう。

大切な人の死から私たちが学べること

Letter

長い間生活を共にしてきたおばあちゃん猫を、自宅でパートナーとともに看取り、想像を上回る喪失感を感じています。悲しみを悲しみとして受け止め、楽しかった思い出を笑って語り合えるようになるまでは、時が過ぎるのを待つしかないとは思います。そんななか、80代の両親も徐々に看取りが近づきつつあります。先生はお仕事柄、死に触れる機会や、愛する人を亡くした方と触れ合う機会も多いと思います。どのように悲しみを乗り越えてきたのか、心に残っている方の例などを含めて助言をいただけませんか。

パートナーともいえる猫ちゃんを亡くされたとのこと。〝ペットロス〟という言葉でまとめ切れない心にぽっかり空いてしまった穴や淋しさを経験されている方は、決して少なくないでしょう。ここまで家族同様に愛されるペットもそう多くはないと思いますから、まず、今回の人生で生きものとともに暮らす巡り会いがあった方は、ぜひその命を全うするまで一緒に過ごすよう、心に留めてくださるとありがたいです。

私は大学病院で婦人科がんを専門にしていましたので、本当にたくさんの方をお見送りする経験をしました。それ以前にも、所属していた社会人ソフトボールチームの仲間を子宮頸がんという、まさに私自身が担当してきた分野で亡くす経験もしましたし、一緒にジムでトレーニングしていた20代の友達を肺がんで亡くしたこともあります。また、祖父や祖母、義理の祖父や祖母を見送ったりと、仕事上のみならず、死と向き合う機会は時折訪れます。

私自身が意識していることは、悲しいときはしっかりと悲しみに浸るということです。自然に涙が出てくるときは、きっと止められないでしょうし、止める必要はありません。そして、自分の心の中で完全に受け止めることができない状況だということを、自分なりに知ることが大事です。

今はふとしたときに、猫ちゃんがいない状況を悲しく思う時期かもしれません。けれどいずれは「一緒に過ごしてこんなこともあったな」と思い出せるときが来ると思うのです。このように、一緒に過ごした家族の心の中にいつまでもいられることは、亡くなった方にとって幸せなことだと私は思います。ですから、時折思い出せること自体、非常に幸せな経験をしてきたのだと考えていただきたいのです。

もう1つおすすめしているのは、残された方が、亡くなった方に対して感謝の気持ちを持つことです。これはいわば心拍数が少し下がっていくような、心が穏やかになる考えの巡らせ方だと思います。そんな時間を持つことで、いずれは「こんなことがあった、こんなことをしてくれた」と涙ながらも笑顔で思い出し、少しずつ気持ちが落ち着く時期が来るのではないでしょうか。

私が多くの経験のなかで思うことは、たとえ友達や患者さんが亡くなる瞬間を自分で確認したとしても、思い出すのは元気だった頃のその方の笑顔だということです。つまり、その方と今回の人生で出会ったことは、間違いなく自分自身に何かしら影響を及ぼしてくれている。ですから、私たち自身が自分の人生にプラスになるような受け止め方をすることが、誰かの死に対する前向きな受け取り方だと思うわけです。

私たちもいずれは死を迎えます。その日がもしかしたら今日かもしれないし、50年後かもしれない。その日がいつかは、私たちには知らされていません。だからこそ、迎えられたこの朝、今過ごしている時間というものを、自分にとって、周りの大切な方にとって、そして一緒に過ごす社会の誰かにとって、よりよい時間になるような取り組みをしていく。そしてそんな決意をすること。これが、亡くなった方たちから私たちが学ぶことだと思っています。

心を守るために「心に鎧を着せる」イメージを持つ

Letter

44歳女性です。私は周りの事象や言葉をすべて自分に当てはめて、自分が言われていると思ってしまう習慣や癖があります。年齢が上がるにつれ、これが時に自分を苦しめているのだと頭では理解できるようになりましたが、いまだ苦しくなることが多々あります。「心に鎧《よろい》を着せる」ために、先生はどんなことをされていらっしゃいますか。

「心に鎧を着せる」という表現は、以前ＮＨＫの『あさイチ』でお話しした言葉ですね。日常的に私は、自分が傷つく可能性があると感じたとき、無意識のうちにその状態から自分を守る取り組みを自然としているのですが、それを「心に鎧を着せる」と表現しています。

それがいつから始まったのかといえば、私が中学生の頃にいじめられた嫌な記憶からだと思います。その頃に学んだことは、人は他の誰かから傷つけられる恐れがあるということ。暴力のような分かりやすい手段ではなくても、言葉や行動、文字などで心を傷つけられる恐れがある。それに対して、自分なりに何ができるのかと考えたときに、自分の心を鈍感にすることが一番いい方法だと、自然に学んだのだと思います。当時は鈍感であろうと努力していましたが、30年たった今では、努力しなくても普通にできるようになっているようです。

「鈍感力」というのは、作家の渡辺淳一さんも書いておられる有名な言葉ですよね。きっとこれらを自然にできる人は、何かつらい経験をされて、自分を守るための手段がおのずと身に付いたのかもしれません。その経験は本当につらかったと思いますし、誰しもそんな経験をせずに済むのであれば、それに越したことはありません。

心に鎧を着せる、鈍感になるためには具体的に何をすればいいかというと、違うことに意識を向けてしまうこと。「お花がきれいだな」とか、「いい雲だな」とか、**意図的に別のものにフォーカスすることで、自分が今攻撃されている状態から意識をそらすことができます。**

これは傷つくことだけでなく、怒りの感情も同じです。怒ったときに、他の何かに目を向けてみる。すると、次に改めて怒りの対象にフォーカスをしたときに、怒りがレベルダウンしていることに気が付くはずです。

2つ目にできることは、**「自分が傷つくかもしれない」と知っておくこと**です。例えば、信頼している人や家族から傷つく言葉を言われるなど、無防備な状態で傷つけられたときほど、ショックは大きいですよね。普段の0地点からマイナス100になるくらい、落ち幅が大きい。けれど、あらかじめ「傷つくかもしれない」と思っておけば、0地点から少しのマイナスで済むでしょう。この落ち幅が小さければ小さいほど、ベースの気持ちに戻るまでの時間も短くて済みます。

3つ目は、**少し離れたところから、自分を客観視するイメージを持つこと**です。私は、自分の少し斜め上の空間から、もうひとりの自分が私を見ているという感覚をいつも持っていて、「今傷ついてるな、傷つくかもな」と俯瞰《ふかん》するようにしています。周りの意見を自分に当てはめてしまう方も、こうして俯瞰的に見ることで、「自分に全く関係ないことが目や耳の外を流れている」くらいの意識を持てるのではないでしょうか。

いずれにせよ、これらは「自分が傷ついたり怒ったりした後、平常心に戻ってくるのが大変だからそうならないようにする」という予防線なのでしょう。心に鎧を着せることは、自分自身の心を守るために、あらかじめできることのひとつだと思うのです。

「考え方の癖」を変える2つの方法

Letter

先生が出演された『あさイチ』の放送を見て、考え方の癖を直さないといけないと感じました。私は認知がゆがんでいるのだと思いますが、普段と違うように考えようとしても、その考えで新たに落ち込み、抜け出せません。考え方の癖は、どう直せばいいのでしょうか。

先日出演した番組でお話ししたのは、「私たちの思考回路は常に同じ道をたどる。だから、なるべく楽な考え方ができるように〝考え方の癖〟を変えていくことが、楽に生きるための大事なスキルである」ということです。

詳しくお話ししますと、まずこの「考え方の癖」以前に大事なのが、物事の捉え方です。私たちは、起きている物事をまず自分の頭の中で捉えて、それが自分の考え方を生みます。ですから、「自分自身がその物事をどう捉えるか」がそもそものスタートになるのです。

例えば物事の捉え方がネガティブならば、その後の思考回路も当然ネガティブになるでしょう。さらに、同じ考え方を繰り返すほど自然にその回路をたどり、それが考え方の癖になっていくのです。

ネガティブな思考回路の癖を直したいというご相談ですが、**実は物事の捉え方というのは自分自身で選択している**ものなのです。

ですから、考え方の癖を変える1つ目の方法は、まずは**今起きている物事に対して自分がどんな思いを抱きやすいのかを眺めてみること**、また思い描ける心持ちの候補をいくつか挙げる練習をすることとです。

例えば、木に鳥が止まっているといったよくある状況に対して、自分が何を思うかを眺めてみるのです。「珍しいな、きれいだな」というのはポジティブな思いでしょう。逆に、「フンをされると道路が汚れるな」というのはネガティブな思いといえます。

このように頭の中で描く思いのなかから無意識のうちに選んだものが、自分の捉え方です。この捉え方は自分で決められるはずで、できるだけポジティブ寄りの気持ちを選ぶようにするわけです。

ネガティブな考え方しか持てないと悩んでいる方は、ポジティブな候補が挙がらず、自分の癖として浮かぶ感情ばかりを気づかないうちに選んでいる可能性があります。ですからこのように一度、心の中の整理整頓や棚卸しをすることが、これからの変化につながっていくと思うのです。


2つ目の方法は、**日常的に選ぶ言葉を変えること**です。

これは心の中で生む言葉も同じで、例えば「疲れた」→「よく頑張ったな」、「どうせ無理」→「無理かもしれないけどできるかも」、「面倒くさいな」→「いっちょ頑張るか」のように、自分なりに前向きな言葉遣いに置き換えていく。そうすれば、いずれは積極的な言葉だけを自然に思い浮かべるようになっていくでしょう。


頭の中で生まれた言葉が思考を縛ってしまうことは、つらい思いをする人ほどよく分かっていると思います。

私たちの頭の中を変えていくことは難しいため、日常的に自分で使う言葉を選び直し、それを繰り返す努力をする。何回もマーカーで引くと太い線になるように、繰り返すことで、きっと望ましい思考回路をたどりやすくなるはずです。

「私はＨＳＰかも」と思うあなたへ

Letter

私は心の健やかさに問題傾向があると感じています。ふと自分ひとりになったときに「疲れたー」いうずっしりとした気持ちが襲いかかってきて、動けなくなることがあります。急に電池がなくなる感じです。ＨＳＳ型ＨＳＰの気質があり、感じ取らなくていいものを感じすぎるのでニュースはあまり見ません。自然のなかに身を置く、運動するなど、心地よいと感じることをしていますが、他に心がけるべきことはありますか？

最近よく聞くＨＳＰ（Highly Sensitive Person）は、生まれつき刺激に対して敏感な気質を持つ人のことです。「繊細さん」ともいわれ、人と交わるのが苦手だったり、いろいろと気にしすぎたりするタイプだと、私自身は捉えています。

自分がHSPに相当するのかどうかを診断するための、チェックリスト（Highly Sensitive Person Scale日本版／HSPS-J19）をご紹介しましょう。19個の質問のうち、10個以上に当てはまるとHSPである可能性が高いとされています。私自身も、自分自身を見直す良いきっかけになりましたので、気になる方は一度試してみてはいかがでしょうか。

・大きな音や雑然とした光景のような強い刺激がわずらわしいですか？
・大きな音で不快になりますか？
・一度にたくさんの事が起こっていると不快になりますか？
・いろいろなことが自分の周りで起きていると、不快な気分が高まりますか？
・明るい光や強い匂い、ごわごわした布地、近くのサイレンの音などにゾッとしやすいですか？
・忙しい日々が続くと、ベッドや暗くした部屋などプライバシーが得られ、刺激の少ない場所に逃げ込みたくなりますか？
・一度にたくさんのことを頼まれるとイライラしますか？
・短時間にしなければならないことが多いとオロオロしますか？
・他人の気分に左右されますか？
・ビクッとしやすいですか？
・競争場面や見られていると、緊張や同様のあまり、いつもの力を発揮できなくなりますか？

・強い刺激に圧倒されやすいですか?
・痛みに敏感になることがありますか?
・子どもの頃、親や教師はあなたのことを「敏感だ」とか「内気だ」と見ていましたか?
・生活に変化があると混乱しますか?
・微細で繊細な香り・味・音・芸術作品などを好みますか?
・自分に対して誠実ですか?
・美術や音楽に深く感動しますか?
・豊かな内面生活を送っていますか?

私は自分のことをセンシティブなタイプではないととらえています。右のチェックリストに答えてみても、明るい光や強い匂いはあまり好きではありませんが、一度に多くのことが同時に起こったり、いろいろなことが周りで起きていたりするとワクワクするタイプです。他人の気分は気にしますが左右されることはないなど、該当数が少ないことが分かりました。

さらに、このHSPにはHSS型(High Sensation Seeking)が加わるケースがあるといわれます。繊細なのに変化や刺激を求めてしまう、いわば相反《あいはん》する特徴を併せ持った人で、チャレンジ精神が豊富で、アイデアを思いつきやすい人ともいわれます。敏感なのに刺激を入れてしまうので、疲れやすくなるのも想像できますよね。

とはいえ、この方のように突然電池が切れて動けないような状況が起こると、社会では周りに迷惑をかけることもあるでしょう。ですからＨＳＳ型ＨＳＰの方は、人間関係で疲れないように、**自分軸でいられる環境、つまり変化はありつつも休みが取れるような環境をつくること**が望ましいでしょう。居心地がいい状態を確保しつつ、自分が快適で楽しいと思える刺激だけを取り入れるような、切り分けの判断が必要だと思います。

私自身はＨＳＰではありませんが、おそらくＨＳＳには当てはまると思います。新しいワクワクするような刺激に対しては、労力や時間、思いを費やします。実際にそこから新たな発想が生まれて、次なる仕事につながることもあるので、この刺激は私にとってプラスに作用していると感じます。一方で、私にとっては変化しなくてもいいものもたくさんあって、例えば食事、住環境、働く環境、人間関係などは変化しないほうが心地いい。もちろん、自分が成長したいときには、人間関係や時間の使い方、環境を変えることもありますが、基本的に**自分にとって変化しなくていいものと、新しく取り入れたい変化や刺激とは、自分のなかで切り分けて考えているのです。**

このように自分がどんなタイプの人間かを知った上で、自分が成長できるような刺激を意識して取り入れていくことは、自分にとって豊かな時間を過ごしていくためにとても大切なことだと思うのです。

メンタルを安定させるための私の習慣

Letter

40代後半、2児の母です。昔からメンタルが安定しません。仕事でミスを指摘されて落ち込んだり、体重が増えてどんよりしたり、子どもに対してイライラする自分が嫌になったりすることも……。先生のように、いつも安定したメンタルで過ごすためにはどうしたらいいですか？

最初に、メンタルの状態というのはレジリエンス、つまり抵抗力が強い人とそうでない人との差があるのも確かです。同じ出来事を経験したときに、ストレスとして感じない人と、ストレスを強く感じて落ち込んでしまう人がいてもおかしくはないわけです。

その上で知っていただきたいのは、**誰にでもメンタルの波はある**ということです。そもそも、皆さんが配信で聞いてくださる私の姿は、1日24時間のうちの10分程度です。私がいつも安定したメンタルかといえばそんなこともなく、ちょっと落ち込んだり、悲しい、悔しいと思ったりすることもあれば、大喜びのときもある。身近にいてくれる人に聞いたら、「そこまで安定してないよ」と言われるでしょう。(笑)

一方で、私が普段から意識していることのひとつは、アップとダウンの波の幅をなるべく大きくしないことです。喜びや楽しさ、うれしさといった上向きの波だったら、当然周りも巻き込んで前向きな気持ちが生まれるでしょう。けれど、下向きの波は、自分にも周りの大事な人たちにも良い影響をもたらしません。周りはなぜ落ち込んでいるのか不安になりますし、怒りなのか悲しみなのかも判断がつかず、嫌な気分にさせてしまう可能性もありますよね。

ですから、ネガティブな気持ちを抱いたとき私は、まずはなるべくひとりになるようにしています。もちろん、身近な人たちは、私がネガティブな気持ちのときも前向きに一緒に過ごしてくれるでしょう。けれど、私たちは何かショックを受けるような出来事が起きたとき、気持ちがコロコロと変化するもので、その状況に対し受け入れが困難な場合は反抗の気持ちが出てきたり、受け入れて修正のアクションを起こしたりもする。そんなとき私はひとりになることで、ショックを受けた状態が過ぎるまで、少し待ってみるのです。

2つ目に意識しているのは、**自分のネガティブな感情に振り回されないように、自分を客観視する習慣を持つ**ことです。

ヨガでいうサマディ（三昧）のように、ネガティブな感情や言葉を生まない、常に幸せな状態でいることは、いうまでもなく最高のゴールだと思いますが、私たち凡人はそうはいきません（笑）。私は基本的に下向きの波を生まないように過ごしていますが、それはある意味、自分の気持ちに蓋をすることでもある。ですから感情的になったら、少し離れたもうひとりの私が自分を眺めるようなイメージを持ってみる。すると、他人を見る感覚で自分の状況や気持ちを言語化でき、次にどうするかというステップに移れるのです。

3つ目におすすめしたいのは、**周りに気持ちを伝えて理解を求めたり、気持ちを書き出してみたりする**ことです。落ち込んでいるのか、怒っているのか、悲しいのかは周りには伝わりにくいものですから、自分の今の状況や気持ちを話せる相手には自分の言葉で伝えてみる。聞いてくれる人がいなかったとしても、実はノートに気持ちを書き出すこともメンタルの大きなはけ口になります。もちろん他の人たちに読んでもらう必要がない言葉ですのでSNSは避けて、自分だけが見るノートに気持ちを書くことで、気持ちを整理できるでしょう。

最後は、自分にとってメンタルが安定している状況、つまり心地よく感じる状態を知っておくことです。例えば、誰かといるとき、ベッドに入って本を読んでいるとき、私だったら車を走らせているときでしょうか。半分瞑想に近い状態、脳の神経活動としてデフォルト・モード・ネットワークとも呼ばれますが、この状態のときに新しいことをひらめくことが多く、割と幸せに感じる時間です。

このような自分にとって心が安定しやすい状況、幸せと感じられる時間をなるべく日常のなかで多くつくることで、メンタルが安定する時間が長く続いていくのではないでしょうか。

この方は40代の後半で子育てと仕事を両立されているので、日常的に睡眠時間が不足していたり、更年期世代の不調を感じたりする可能性もあるでしょう。睡眠不足なら週末にしっかり寝るなどの取り組みをして、更年期ならばある程度の不調も仕方のない時期と捉えて次の改善方法に目を向けることも大切です。

いずれにせよ、メンタルが不安定な状態をマイナスに捉えず、自分の状態をイマイチなりに、ある程度把握できていると考えてもよいと思います。みんなそれぞれの状態を、お互いにカバーし合いながら生きていける社会にしていきたいですね。

体の調子がいいと心も前向きに

私たちは日常的に、「割と調子がいい」と思う日もあれば、「今日はもう無理」と思う日もあるのが現実です。

私は夜中に猫たちを蹴ったことに気づいて目が覚めてしまうことがあるのですが（笑）、ぐっすり眠って朝を迎えた日と、夜中に起きて眠れなくてなんとなく朝が来たような日とでは、それだけで朝の状態は違ってきます。

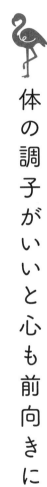

皆さんも例えば、ちょっとしたささくれや口内炎ができたとき、日常生活においてはなんでもないことなのに、絶好調とはいえないでしょうし、生理痛がつらくて家から出られないような日もあるでしょう。

さらに私たちの調子は、周りの状況にも影響を受けます。パートナーの調子が悪いと、なんとなく自分もイマイチな気分になる。自分が保護しなくてはならないお子さんについても、体調が悪いと心配になりますし、たとえ成人していても、なかなか自立できない状況ではやきもきするでしょう。

人間関係以外にも、電車や飛行機が遅れたり、台風が来たりすることもありますし、ウイルスの存在も不安材料になります。つまり、世の中全体を広く見てみると、自分の努力だけでは解決できない出来事はたくさんあるわけです。

そんなさまざまな要因の影響で、自分の調子がいい日と調子が悪い日、それぞれで同じ出来事が起こったとします。例えば仕事で一緒に働く人がミスをしたとき、調子がいい日なら「仕方ないよね、みんなでカバーしよう」と前向きなアクションを起こせる。けれど、調子が悪い日、例えば子どもの心配事が頭にこびりついていたり、睡眠不足で頭がぼんやりしていたりする日は、「本当に面倒なことをしてくれた」というような発言をしてしまうかもしれません。

つまり、**同じ物事が起こったとしても、私たちの捉え方は自分のコンディションに左右される。**だからこそ私たちは自分の責任で、自分のコンディションをいい状態にキープしたいわけです。

私はよく皆さんに対して、「毎日よく寝よう、前向きに考えよう、適度な運動をしよう、自分が食べたいものをいいタイミングで適量取ろう」といった、根本的な話ばかり繰り返しているように思いますが、その理由は、自分自身でコントロールできるのは自分のコンディションくらいであり、いいコンディションを保つことが前向きな考え方を生むと思っているからです。さらに、それぞれの人がいいコンディションを保てば、社会の空気を少し柔らかくすることにもつながるのではないでしょうか。

そんななかで、「先生が言うことはその通りだと思うけれど、自分が置かれている立場がつらすぎて、なかなか現状に結びつかない」というレターもよくいただきます。確かに、皆さんの環境や現状そのものを変える力は、残念ながら今の私にはありません。正直、もっと皆さんにできることがあればと思いますが、私がお話ししている内容は、「日常生活でちょっと困っている人」にしか生きないのかもしれませんね。

けれど私の話を聞いて、少しでも心が温かく前向きになれる時間が持てたり、「今とは違う考え方ができるんだ」と思ってくださったりする方がひとりでもいれば、うれしいなと思います。そんな時間がまた次なるアクションを起こすきっかけになり、少しでもよりよい明日を目指して毎日を過ごすことにつながれば――。そんな思いで、毎日の配信を続けているのです。

人はなぜ生きるのか

今回は、「私たち人がなぜ生きるのか」という答えのない問いに答えてみたいと思います。

私たちがなぜ生きるのかという質問の答えは、一番シンプルなものは「生まれたから」に尽きますよね。私たちが生きているのは、生まれてしまったから仕方がないともいえるわけです。また生きる意味について、私自身は「そもそも答えはない」と思っていますし、私たちが生きている間に自分で納得できるような答えを得られることはほとんどないでしょう。

人と似たような生き物に、チンパンジーがいます。猿から人に進化する過程の生き物と考えられていますが、チンパンジーの研究者によると、実は「チンパンジーは悩まない」そうです。例えばケガをして自分の体が動かなかったり、老衰で食べ物が取れなかったり、自分の死期が近づいているのが分かっていたりする状態でも、平然としていると。

では、私たち人がチンパンジーと何が違うかというと、端的にいえば「想像することができる」点が違っている。想像力は私たち人にとってありがたい能力である一方で、自分自身のことや自分の先のこと、他人の未来を想像できるからこそ、不安になったり、「なぜこんな状態で生きているのか」と考えたりするわけです。さらに、きっと答えは出ないのに人生の意味を考えたり、悩みばかりに目を向けて他のものが見えなくなったりすることもある。けれどそうなってしまう理由は、想像できる力を持っているからに他ならないのです。

私たちの悩みは、時々刻々と起こります。例えば人と話をしていて、相手がムッとしたような感覚を受け取ったときに、「相手を怒らせたかもしれない」と想像します。また、悩みは自分の知らない人との間にも起こります。例えば電車に乗っていて、目の前の人が「何か嫌な感じをかもし出している」と感じたとき、イライラする気持ちが生まれたりする。つまり、想像力が私たちの悩みを生む理由になっていることも確かなのです。

しかし、私たちは備えられた能力をうまく生かすことが望ましいわけです。**自分自身をプラスの状態にするためのツールとして想像力を使うことは、自分の持つ力を用いて自分をコントロールしていることに他ならない**と思うのです。言葉を換えれば、私たちがネガティブな気持ちになるのは、自分が持つ想像力を自分でうまくコントロールできていないことが一因ともいえるでしょう。

私たちが落ち込んだり、悩んで立ち直れなかったり、「この世にいたくない」という気持ちになったりしたときは、「私たちの想像力がそうさせている」と、一歩引いた目で見るような感覚を持つといいでしょう。さらに、「自分の意思で異なる想像ができる」という思いを持つことで、別の思考に移っていけるでしょう。

今回のテーマで、最後にお伝えしたいことがもう1つあります。それは、私たちは誰かと会って別れる際に、「また次会える」と無意識に思っているわけですが、「そのまま二度と会えない状況も起こり得る」という自覚を持っておくことも必要だということです。なぜなら人生で想定外のことも起こり、実際に今日、明日、明後日も先が読めないのが私たちの日常だからです。

その自覚を持ったとき、私たちに何ができるか。今、目の前にいる人に、温かく優しい思いやりの心を示して別れるということ。けんか別れや、投げやりな言葉で電話を切るのではなく、その方との時間を終えるときに「今日会えてうれしかった、今までもありがとう、次会えるときまで元気に過ごそう」、そんな思いをお互いに示すことです。

そんなことができるのも、私たちが〝人〟だからなのだと思うのです。

Chapter 3

こんなコミュニケーションが望ましい

2：7：1の法則を知ると人間関係は楽になる

Letter

40代前半の女性です。人間関係に疲れています。周りの人を盛り上げるように、適度に気を使って人間関係を築いてきたつもりですが、前の職場で仲良くしていたつもりの同期の女性から裏切られるような経験をして、会社中からいじめに遭いました。以来、頑張る気力がなくなり転職しましたが、今の職場ではとっつきにくい人と思われています。自分なりに溶け込む努力をしているつもりですが、疲れます。このままの人生でいいのかと心配しながら、人や組織にアレルギー反応を感じる自分もいます。今の考え方を変えるためにできることはありますか？

この方が人間関係で疲れるという問題の起点は、気が合うと思って仲良くしていた人が実はそうではなかった、ということでしょう。けれど、「そもそも気が合う人はそんなに多くない」と理解しておくと、人間関係が楽になって無駄に悩むことも少なくなると思うのです。

私のことを「周囲との人間関係が良さそう」と見てくださる方も多いのですが、**普段から私のベースにあるのは、「自分ととても気が合う人はそう多くはない」という考え方です。**

自分の周りにいる10人を眺めてみたときに、2人はとても気が合う人、1人はとても気が合わない人、そして残りの7人はどちらでもない人、いわばどうでもいい人――これはカウンセリングの祖ともいわれる心理学者カール・ロジャースが提唱した「2：7：1の法則」です。

例えば、インターネット上ではこの法則はより顕著になります。YouTubeには「いいね」ボタンと「よくないね」ボタンがありますが、基本は「いいね」を押さない、つまり何もアクションを起こさない人が大半で、これが2：7：1の「7」の人たちといえます。つまり、大半の人は自分にとってどちらでもない、害にも得にもならない人たちで、強い信頼関係は築けないと考えておけばいい。

そのなかで、わざわざボタンを押す人は相当いいねと思ってくれる人ですし、逆に「よくないね」ボタンを押すという行動自体も、「アクションを起こしてくれている」くらいに捉えればいいと思うのです。

人間関係で最も大切なのは、自分と気が合う「2」に相当する人を見極めることです。なぜなら、なんでもない人から裏切られた場合は、ゼロの気持ちが少しマイナスになるだけですが、気が合うと思っていた人から裏切られた場合は、プラスの気持ちからマイナスに落ちるため落ち幅が大きく、この方のように心にトラウマを抱えることもあり得るからです。

ですから、同期や同性、同い年だからといってすべての人に心を開く必要はなく、**経験の積み重ねや時間・空間の共有のなかで、心を開く相手、信頼できる相手を自分で見極めていくことが大切なのです。**

その他のほとんどの人たちは、自分にとってはプラスでもマイナスでもない、自分に大きな影響を及ぼす可能性は低い人たちです。「気が合わない、嫌われている」と感じても、10人に1人いると考えれば自然なことだとやり過ごしていけるでしょうし、逆に何かありがたいことを経験したときは、大きな感謝の気持ちが湧くでしょう。

人間関係に悩んだときは、ぜひこの2：7：1の法則を思い出してみてください。

誰でも良い心とよくない心を持っている

Letter

20代後半、育休からの復帰を控えている専門職です。私の職場は女性しかおらず、先輩方から職場仲間の愚痴を聞かされることが多く、それをしんどく感じたり、私のことも同じように言われているのではと心配になったりします。チームとしてもまとまりが弱いと感じます。先生の考える楽しい職場、職場の人間関係に悩まないコツについて教えていただけませんか。

私たちのような医療職でも同じようなことがたまに起こります。専門職として、一度就職したら異動はあまりないですし、特に産婦人科のスタッフは女性が中心ですので、もう少し男女が交ざるといいのかもと思うこともあります。私は職場でも年長の立場になっていますので、私がどんなことをイメージしながら仕事をしているかについてお伝えしたいと思います。

まず**私のベースにあるのは、「私たちは誰でも良い心とよくない心を持っている」という考え方です。**良い心というのは、自分自身を高めようとか、誰かの役に立とうとか、全体を調和させようとする協調性など、持っていることが望ましい心のことです。一方で、さぼろうとする気持ちや人を傷つける気持ち、あとは仕事を適当にはしょってしまったりする気持ちなどは、できるだけ蓋をしておきたい気持ちといえるでしょう。この〝よくない心〟というものは、たとえ聖人君子といわれる人でも、人間なら誰でも持っているだろうと思うのです。

その上で、人を迎える側の立場になって常に思うのは、**新しく職場に来た人が、よくない心を発揮しにくいような環境をつくっていきたい**ということです。つまり、受け入れる側の私たち自身が、良い気持ちだけを発揮している環境で迎えることで、新たに入った人もよくない心を発揮しにくくなり、この職場で共に前向きに頑張っていけるのではないでしょうか。

ただ今回の方は、職場に戻っていく側の立場ですから、このような環境を自らつくることは現実的に難しいでしょう。いずれは中堅になり上の立場になるとはいえ、愚痴を聞かされる状況は今すぐ解決されるわけではありません。

では、聞きたくない話を聞いたときはどうするか。おすすめしたいのは、相づちを打たないか、「そうですか?」などと返して、その場で話を終わらせてしまうことです。そうすれば、次第に相手は悪口を言いづらくなるでしょうし、悪口がさらに広がっていくことを防げるでしょう。そのうち、同じような対応をする方が1人2人と増えていけば、職場全体がよくない心を発揮しにくい環境になっていくと思うのです。

悪口というのは、ちょっとした気分の発散など、コミュニケーションにおいて必要な部分はあるかもしれません。けれど、日常的になると組織としての士気やパフォーマンスが落ちますし、当然、職場においてあるべき姿ではありません。新たに入った人たちも、チームワークが良いとは感じないでしょう。

組織が大きくなればなるほど、意思の統一が難しく、コミュニケーションも複雑になります。けれど、どれだけ大きな職場も、小さなコミュニティの集まりから成り立っているもの。ですから、できるだけ良い環境づくりをして新たな人を迎え入れていただきたいと思いますし、皆さんも「自分はどんな職場で働きたいか、どんな職場なら自分自身の良さを伸ばしていけるのか」をイメージして、良い心を発揮しやすいような環境やチームづくりを、ぜひご自身の周りからしていただきたいと思います。

職場で「マウントを取ってくる」人への対応

Letter

40代女性です。一緒に仕事をする同僚が、たびたびマウントを取ってきます。私が定時で帰ろうとすると、「いいなあ早く帰れて。私は忙しくて、今日もこれから○○さん（社内の偉い人）と打ち合わせだよ」と言ってきたり、「あなたにはまだ情報が落ちてないと思うけど、今度私たちのチームに新人が入ってくるらしいよ」と〝私だけが知っているのよ〟的な発言をしたり、「○○さんすごいですね。実は私もなんです」と自分の自慢話に持っていったり。地味にイライラ・モヤモヤしますが、気にしすぎでしょうか。

この「マウントを取る」「マウンティング」という言葉、最近では普通に使われるようになりましたよね。総合格闘技で上から馬乗りになる「マウントポジション」などから来ていると思うのですが、相手を見下すような言葉や行動で、自身の優位性を示す態度のことを指すと理解しています。

主に引き合いに出されるのは、学歴や年収、お金や物質的な豊かさ、人脈といったステイタスでしょうか。わざわざ有名人を知り合いに挙げたり、ＳＮＳで高級ブランド品などの写真をアピールしたりする人もよく見ますよね。

また、私たち専門職にありがちなのが知識のマウンティングです。知識で強さを示したり、知ったかぶりをしたりするケースもあり、それを不快だと感じる人も多いでしょう。余談ですが、何かを伝えるということは「発信して終わり」ではなく、相手に伝わったときに私たちの仕事が完成するわけですから、特に知識を示す際は、相手の目線と理解度を意識して伝えることが不可欠だと思っています。

他にも、相手を見下すような発言や振る舞いをしたり、わざと無視をしたり、この方の同僚のように話の主語を自分に置き換えたりするシーンは、世の中に横行していると思うのです。

そもそも、なぜ人はマウントを取りたくなるのか。それはおそらく、自信がないからでしょう。自分の優位性を相手に知らしめることで、どうにか上でいられるということです。尊敬されたい人や一目置かれたい人、人が失敗するのを喜ぶような意地悪な人であるともいえますから、そう考えると大した人ではないことが分かりますよね。

皆さんはここまで読んで、すでに対策方法は思い浮かんでいるでしょう。それは、なるべくコミュニケーションを取らないことです。距離を置く、必要な会話以外はなるべく関わらない。自信がない人のなかには、相手の目を見て会話できない方もいますので、相手の目を見て自分の気持ちを伝えてみるのもいいでしょう。

前項で述べたように、話をそこで終わらせるような返答をするのもひとつのテクニックです。「そうなんだ」「なるほど」「それはよかったですね」など、関心がないと分かる言葉を返す、ありがたくない提案に対しては「アドバイスありがとうございます」と、大人の態度になって返答するのもいいでしょう。頻繁にコミュニケーションがある相手には、「そういった言葉を聞くの、結構傷つくんですよね」と、軽く伝えるのもありだと思います。一方で、職場内での上下関係がある場合は、相手の態度がパワハラと判断し得るケースもありますので、相応の対応をすることも必要になるでしょう。

いずれにしても、近づかない、接しない、話を聞いたとしても流す、本気になって返すのは避ける。このあたりが、マウントに対する正しい対応かなと思います。

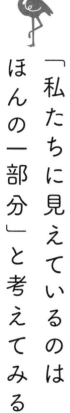

「私たちに見えているのはほんの一部分」と考えてみる

Letter

40歳男性です。過去にうつ病から会社を辞めた経験があります。自分の価値観を相手に押しつけてしまう癖は、どのように対処すればよいのでしょうか。「こうすればもっと良くなる」と相手に良かれと思って伝えるのですが、必ずしも相手のためになっているとは限らず、言ったことを後悔したり、言っても何も変わらない状況にストレスを抱えたりしてしまいます。相手から助けを求められたときだけ自分の考えを伝えればいいと思うのですが、「こうしたほうが物事がうまくいくのに」とやきもきしてしまいます。

この方のように、自分の価値観を相手に押しつけてしまい、アドバイスした通りにやってもらえずストレスになるというタイプに多いのが、先を読む能力が高い人です。この先読みする能力はあらゆる面で必要ですし、チームにおいてはこの能力を持つ人がいると非常に役に立つでしょう。けれど、周りの人とスピード感が違うことが往々にしてあり、先読み能力が高い人だけが先走ってしまうこともよくあります。

この先読みタイプの人に知っておいていただきたいのは、私たちには相手のごく一部分しか見えていないということ。特に仕事だけの関係性では、その人の全体像は測り得ませんし、自分がつくり上げたイメージとは違うその人もきっと存在しています。

仕事相手のなかには何も考えていなさそうな人もいるとは思いますが、もしかしたらその人なりの段取りや準備をしている可能性もある。ですから、自分のアドバイスを相手に効果的に届けられるのか、相手に変化を促せるか、相手に喜んでもらえるかは、伝えるタイミング次第といえるのです。

さらに1つ確かなことは、物事というものは相手との良い関係性のなかで進んでいくということです。そう考えると、相手に意見を受け入れてもらいやすい一番良いタイミングを見極めてアドバイスや意見を伝えること、それがお互いにとって最もストレスが少ない状態で、物事を良い方向に進めていける方法といえるのではないでしょうか。

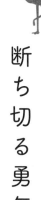

嫌がらせという負の連鎖を断ち切る勇気を

Letter

看護専門学校に通う娘のことでご相談です。看護学校がハードなことは覚悟していましたので、スケジュールや教養、技術面の厳しさは納得し、しっかりやっていると思います。けれどそれ以外の、学生を人間として扱わない先生方の執拗で理不尽な言動に心が耐え切れず、本人もたびたび「やめたい」と言って感情的に不安定になり、体調もよくありません。やめていいよと言ってあげたい半面、自分で決めた道をやり遂げてほしい気持ちもあり、看護師資格は強みになると割り切って頑張ろうと応援していますが、このままだと潰れてしまいそうで心配です。

私も医者として、理不尽とも思える看護学生の状況を目にしたことがあるので、お嬢さんのつらさは想像できました。例えば、看護学校の生徒さんが病棟実習に来られたとき、実習がすべて終わっても、看護学生たちはずっと病棟の端に立ったまま、挨拶をするためだけに、指導してくれた看護師さんの手が空くのを待っている。そんなシーンを目にすることはしばしばあり、やり切れない気持ちになることがありました。指導に当たる看護師さんは、看護学生さんたちに対して強い力を持っている。こうした意義が理解できない指導は、世の中の上下関係においても少なくないと思います。

お嬢さんは看護学校の授業のことでお困りかもしれませんが、これからもこういった理不尽な出来事は起こる可能性があるでしょう。ですから、この状況を自分なりに把握し、それでも「続けていける」という強い気持ちを持って、残りの学生生活を過ごしてほしいと思うのです。

なぜ看護師さんの理不尽な対応が起こるかというと、看護師さん自身も看護学生のときに同じことをされて育ってきたからではないでしょうか。だから我慢してねと言うのも理不尽ですが、せっかくここまで頑張ってきたのであれば、ぜひ看護資格を取ってほしい。その上で、ご本人が看護師さんになり、指導する側に立ったとき、この負の連鎖をどうにか断ち切ってほしいと思うのです。

また上下関係といっても、看護学校の先生は臨床現場にいない看護師さんですし、学生があと2年ほどで国家資格に合格すれば、ほぼ同じ立場になります。つまり、大した差がないからこそ、優位を示したいともいえる。揺るぎない立場があり、人間的にできた人であれば、そんなことはしないわけです。いずれにせよ、嫌がらせをすれば、その先ずっと学生に恨まれますから、お互いにとってなんのメリットもないでしょう。

もちろん、世の中の多くの看護師さんはそうではありません。実際に私がこれまで一緒に働いてきた看護師さんたちは、本当に心根の優しい、人のことを気遣える方ばかりです。けれどその方たちのなかにも、自分が育ってくる過程において、嫌な思いをした経験がある方は少なくないはずです。けれど、**「次の世代には嫌な思いをさせない」という思いを強く持って、現役で働く方が多くいらっしゃる。私は、みんなのその良心を信じています。**

とはいえ、逃げることも選択のひとつですから、どうしても無理なら逃げてもいいと思います。けれど、このお嬢さんはいずれきっと立派な社会人になり、自分や人の弱さ、弱い立場の人の気持ちを分かって差し上げられる看護師さんになると思います。

ですから今は、意味の分からないパワハラのような力に負けないでと伝えたい。「この人はしょうもない人だ」と相手にせず、どうにかやり過ごしてほしい。つらい経験をした方だからこそ、より周りに優しい看護師さんになれるでしょうし、人に優しい気持ちを持って過ごしていけば、きっといい人生になる。そんな気持ちを、同じ医療職として届けられたらと思います。

心地よいコミュニケーションは「人との距離感」に尽きる

Letter

家族との距離感が難しいと感じています。ひとり暮らしをしていましたが職場が変わったため、一時的に通勤しやすい実家に戻っています。家族仲は良いのですが、私にとって実家は暮らす場所ではなく、帰る場所という感覚です。半年後にはまたひとり暮らしになりますが、それまでの間、家族と過ごすことが窮屈です。どうしたら楽に過ごせるようになりますか？

実家のご家族とのコミュニケーションは、年末年始やお盆にたまに帰るような頻度だと心地よいですよね。お客さんとして短期滞在するわけなので、ご家族の皆さんに特に期待されることもないですが、これが毎日の生活の場になるとお互いに気を使う部分も出てくるでしょう。

まずいえることは、実家がすぐに行ける距離にあり、ご家族が元気に過ごされていること、いい家族関係があることには、まず感謝していただきたいということです。家族仲があまりよくない場合、一時的にでも実家から仕事場に通うという選択はしないでしょうから。

世の中には、血がつながった家族だからこそ思いが強くなり、関係性がうまくいかなくなるケースも少なくありません。そんななかで、この方のように家族仲が良いことは本当にハッピーなことだと思うのです。

家族を含むすべてのコミュニケーションで一番大切なのは、相手との距離感です。これは物理的な距離だけでなく、心の距離も同じです。**私たちは、自分の周りに自分だけのスペース（パーソナルスペース）を持っていて、そのスペースの広さや入れられる人数は、それぞれ違うのです。**このパーソナルスペースの距離感というのは、身近なご家族やパートナーであってもつかみづらく、時と状況によっては親しい人ですら入れたくないこともあるでしょう。親子のようにパーソナルスペースに入ることができている関係でも、子どもが成長すると、お互いのスペースに入れなくなる日が来るかもしれません。

この方のように、「仲は良いけれど距離感が難しい」というのは、おそらく距離感が近すぎる状態だと思います。特にたまにしか会わない関係性の場合、距離感を間違えることもありますし、血のつながった家族だからこそ、ある意味ずうずうしくパーソナルスペースに入ってくることも起こり得るわけです。さらに、ご家族の場合は良かれと思って入ってくる場合もあり、もてなしたいという気持ち、育てていた頃のように声掛けをしたくなる気持ちも生まれるでしょうから、余計に距離感が難しく感じるのかもしれませんね。

ですから、実家にしばらく住むのであれば、自分のパーソナルな時間が必要だということをご家族にきちんと伝えること、さらにご自身でご家族との距離をどれだけ空けるかを決めることが大切で、同時に、お互いに適度な距離感と信頼関係を保つような努力も必要になるでしょう。もちろん実家にお邪魔している立場ですので、例えば部屋数など物理的な理由で環境を整えられない場合は、別の場所に移る選択をしてもいいでしょう。

私自身は、人との距離感をある程度取りたいタイプだと感じていて、そうした人は本を読んだり、何かを書いたりするような内側に向く活動が好きな人が多いような気もしています。

いずれにせよ、人間関係において距離感は最も大切なものです。心地よいコミュニケーションのために、自分にとって周りの人との心地よい距離感はどれくらいなのか、一度考える機会を持ってはいかがでしょうか。

「話しかけやすい人」でいるのもすごい強みです

Letter

40代女性です。おしゃべりが止まらない人について悩んでいます。例えばスーパーで顔見知りに会うと当然のようにおしゃべりをされ、私はたいてい聞く側で、話すのは1〜2割。相手は高齢の女性や、気持ちを聞いてもらって落ち着くタイプの繊細な女性が多いです。聞いてあげるのが優しさだと思うのですが、一方的に話をされるのは少し苦手ですし、感情のはけ口にされているようで悲しくなったり、話をしてくれるのがありがたかったり、気持ちが定まらず葛藤しています。愚痴や不安、不満を人に話して発散する人とどう関わったらいいでしょうか。

このレターをくださったような方たちに共通しているのは、話しかけやすい雰囲気だと思うんですよね。
「この人だったら話を聞いてくれそう」と思えるような、話しやすい雰囲気や人柄、笑顔などが十分に準備されている人で、だからこそ人は話しかけたくなるのだと思うのです。

一方で、世の中はそういう人ばかりではなく、怒っていなくても怒っているように見える人もいますし、普段は優しい気持ちで話が聞ける人でも、仕事などで波風が立っているときには、そうできないこともあるでしょう。

この方はきっと、相手が話し続けられる環境を提供できる人だと思います。本当に素晴らしい能力ですし、「赤の他人から話を聞かせてもらえる」ことを肯定的に捉えてもいいでしょう。実際に外来において、患者さんから「以前に診察してくれたお医者さんが話しにくい雰囲気で、言いたいことが言えず、聞きたいことが聞けなかった」という声を聞くこともありますから、コミュニケーションを要するお仕事の方にはぜひ見習ってほしい姿勢とも言えます。

また、高齢になってくると、「自分が社会に認知されていない」という悲しさ、淋しさが孤独感を生むと考えられていて、だからこそ高齢の方たちは話しかけやすい人に声を掛けたいのだと思います。そう考えたときに、人から話しかけられる自分でいるということは、すごく素敵なことではないでしょうか。

そのように受け止めていただいた上で、大切なのは、話を聞いているときにご自身がどう思っておられるかということです。例えば時間を取られてしまうのが困るとか、自分から1割2割しか話せないことが不利益と感じるのなら、「すみません、時間がないので先を急ぎますね」と断ってみる。空気を読まない高齢の方もいるかもしれませんが、1~2回繰り返すと、多くの方は空気を読んで話しかけてこなくなるでしょう。

けれど、この方が現時点でそうして断っていないということは、100%嫌に思っているわけではないようにも思います。ですから、一方的に聞くのではなく自分も話したいのであれば、興味がある分野や、新しい発見があったり楽しいと感じたりする内容について、相づちだけでなく自分の意見を挟むのもいいでしょう。

一方で、相手の話の内容が愚痴や不満、不安の場合、それをずっと聞くのは脳にもいい影響がありません。なぜなら耳に入ってくる言葉というものは、私たちの考え方に影響を及ぼすからです。その場合は、話題を変えて軌道修正していくか、ネガティブな気持ちになるようならコミュニケーション自体をなるべく避けるような対応をされてもいいと思いますよ。

明るい人になりたい方へ

Letter

40代の主婦です。子どもの頃から内向的で、小学生の頃にいじめられた経験もあり、人とうまくコミュニケーションが取れません。今でいう〝陰キャ〟な性格で高校まで過ごし、それでも学生の頃は友達に恵まれ、今の主人とも出会い、子どもにも恵まれました。ただ、子育てのなかでも親しいママ友はできず、近所の方とも打ち解けて話す仲にはなれません。周りの方が仲良くお話ししているのを見ると、私にはなぜできないのかと悲しくなり、皆に嫌われていた頃の自分を思い出して、暗い性格だからだと落ち込みます。私の声が低くてボソボソと聞こえづらいため、もっと声を上げてハキハキと話をすれば皆に好かれるのかなとも思います。皆に嫌われていた頃の自分を捨てて、明るい人生を送るにはどうすればいいでしょうか。

ざっくりいうと「明るい人になりたい」というご相談かと思いますが、私は、**明るい人でいるというのは「決意」だと思っています。**

前にお伝えした通り、私は中学時代に同級生からいじめられていました。いじめの理由は内申点争いで、「お前がクラスにいると通信簿の5が1つなくなる」というのが理由です。当時、私には部活の仲間がいましたし、いずれこのいじめは終わると思って過ごしたわけですが、学生時代にいじめられた記憶は、やはりその後の人生に大きな影響を及ぼす可能性は高いと思います。けれど、いじめられたからといって明るい人になれないわけはなくて、自分で決意することで明るく過ごすことはできるのです。

私はよく「ご機嫌でいる」といいますが、これも決意です。朝起きて、「今日も1日ご機嫌に過ごそう」と自分に決意することで、予想外の物事が起きても「まいっか」と思えたりする。例えば、仕事に出かけようとした瞬間に宅配便の方がインターホンを鳴らし、マンション1階の玄関から2つの鍵を開けて上がってもらうと、仕事に遅刻するかもしれない。そんな状況でも「タイミング良く受け取れた」「その方は2回運ばなくて済んだ」という考え方ができれば、その出来事ですらご機嫌でいられる理由になるのです。

その上で、明るい印象になりたい人におすすめなのが、**まず外見を変えることです。**私の経験でいうと、やはり猫背の人は明るく見えませんし、眼鏡はお勉強はできそうですが、少し神経質で暗そうに見えることがある。ですからまずは姿勢を良くして、眼鏡をコンタクトにするだけでも外見の印象は変わりますし、そこから話のきっかけが生まれることもあるでしょう。

もう1つ大事なのは、**自分から話しかけること。**話しかけられるのを待つのは相当な受け身といえます。実は、私もこう見えて割と引っ込み思案で、このリアルボイスのように人がいないところで自由に話すほうが好きなタイプですから（笑）、レターをくださった方の気持ちはよく分かります。

コロナ禍前はよく学会の後に立食パーティーや懇親会に参加していたのですが、そういう場でも私は積極的に人に話しかけません。けれど、仕事柄コミュニケーションを取らないと得たい情報も得られませんから、若干無理して人と話しているのです。（笑）

一方、ご近所さんやママ友というのは、懇親会とは違って数年は続く関係性ですから、まず挨拶をして自分から話しかける姿勢が大事でしょう。その際に会話を盛り上げるコツは、相手がどんなことに興味を持っているか想像しながら話をすることです。

さらに3つ目は、**表情です。**どんな表情だと明るく見えるのか、どんな顔だったら受け入れたい、一緒に過ごしたいと自分なら思うか、そんなイメージを持ちながら、鏡で自分の顔を確認してみるといいでしょう。マスクを着けているなら、目元で優しい表情をつくってみる。私はありがたいことに目尻が下がっていて優しく見えるようですから(笑)、それが〝本当に優しい顔〟になっていくといいなあと思いながら毎日を過ごしています。

最後に、コミュニケーションがうまく取れないのは、大抵はきっかけがないだけだと思います。最初は無視されてもいいので会釈をする。それを続けていると、グループの何人かのうちひとりくらいは会釈を返してくれるようになる――というふうに、挨拶をするといった毎日の小さな積み重ねによって、徐々にコミュニケーションを深めていけるでしょう。

特に、この方はいじめを経験しているからこそ、人の痛みを想像できる方だと思います。ぜひ自分らしく自然に、ご自身の明るさや前向きさを知ってもらえるような取り組みをしてみてくださいね。

自分の固定観念から抜け出す考え方

Letter

30代女性です。私は現実を理解することが苦手で、自分でつくり出した虚像で人を判断したり、物事を現実の姿と違うように解釈したりしがちです。現実的・客観的な視点が持てず、知らず知らずのうちに自分の主観や妄想が現実だと思い込んでいるのだと思います。最近はそんな自分の癖を認識できるようにはなりましたが、やはり渦中にいる間は気づけず、ずいぶん長い時間がたって現実に気づきます。この癖はとても非合理的で、いろいろな面で足かせになるので改善したいです。現実を見て人や物事を判断し、正しい理解をするためには何をしたらいいでしょうか。

何かを判断するときに、自分の主観が入ってしまうことに気づいている、いわば自分をきちんと把握できている方だと思います。けれど、その妄想が現実に起きるような想像力が働いてしまうことは、この先の人生によくない影響を及ぼすのではないかとお考えなのでしょう。

私が物事を客観的に判断するために具体的にしていることは、これまでお話ししてきたように、少し離れた場所から自分と周りの状況を客観視するイメージを持つ習慣ですが、もう1つ、違う人の頭を使って考えるという方法があります。

具体的には、皆さんの周りの人たちのなかから、自分なりに「かなりまとも」「まあまあまとも」「割と変わっている」の3つのカテゴリーの代表者を選んでみるのです。

「かなりまとも」な人は、一般的でフラットな意見を述べることができる人で、社会的にも公平性が高くポジションも高めの方が多いかもしれません。「まあまあまとも」は、ごく普通な人で、まともなことを言うときもあるけれど、思い込みが強いときもある。一般的にはこのカテゴリーに当てはまる人が一番多く、ご自身とマッチする部分も多いでしょう。最後の「割と変わっている」人は、頭がとても柔らかく、時に突拍子もない意見を言うことがある人です。

そして、何かの渦中で頭が混乱した状況に置かれたときに、この3人の代表者だったらどう考えるだろう、どんな言葉を選ぶだろう」というイメージで頭の中を巡らせてみるのです。

「かなりまとも」な人の意見は、おそらく世の中のマジョリティーで、その意見を尊重するとその先もあまり困らない可能性が高いでしょう。一方で、「まあまあまとも」な人からは、自分と同じく混乱した意見が出てくる可能性がありますから、「多くの人が混乱する出来事だから、自分だけを責める必要はない」と気が楽になるかもしれません。さらに、「割と変わっている」人からは、自分の想像をはるかに超えた自由な意見が得られるはずです。

このように、**違う人の頭を使って考えてみることは、自分の想像力の幅を広げ、自分が決めた固定観念や思考の枠から抜け出すきっかけをつくってくれます**し、自分が決めた閉鎖的な考えを大きく解き放つのに役立ちます。

私たちは、つい自分が好きな思考回路に沿って考えがちです。けれど、こうした固定観念を覆すような習慣を意識することで、世の中のマジョリティーの考え方も想像できますし、全く逆のちょっと変わった発想で、面白く捉えることもできるようになるのではないでしょうか。

「正しさ」よりも「優しさ」を

Letter

30代の主婦です。先生の人を諭すような話し方が心地よくて心が落ち着き、こんなふうに話せたらなと思います。私はよく夫に言葉がきついと言われます。声が高く、早口ということもあると思いますが、思ったことをはっきり言いすぎることもあり、「正論だとしても相手を不快にさせてしまう」と言われました。どうしたら先生のように優しい話し方ができるのでしょうか。普段心がけていることがあれば教えてください。

今回のレターで一番私の心に引っかかったのは、「正論だとしても相手を不快にさせてしまう」という部分です。なぜなら、正しさと優しさとは共存が難しいケースがあるからです。

私は、正しさには2種類あると考えています。
1つ目は、数値的、または科学的に正確であるということ。こちらは誰が見てもその正確さは否定できませんから、相手に納得してもらうほかにありません。
2つ目は、世の中の常識的な正しさです。こちらは、自分は正しいと思っていても、他の人はそう思っていない可能性があります。ですから自分の基準をベースに相手に伝えようとしても、相手の理解を得るのはなかなか難しい。さらに、自分の正しさを追い求めるあまり、正義感を振りかざすような強い口調になってしまう可能性もあるでしょう。

そもそも日常生活において、正しさや正確さをそこまで求めなくていい物事は多いと私は考えています。もちろん、時には正確にはっきり伝えたり、正論を言ったりすることが大切な場合もあるでしょう、けれど、自分の基準に照らし合わせて「この物事は正しくて、あなたは間違っている」といった伝え方をすると、相手は気分を害して、腑《ふ》に落ちるとは真逆の気持ちになってしまうでしょう。

前述の通り、優しさと正しさとの共存は簡単ではありません。周りの人に何かをうまく伝えたいと思うのであれば、正しさをある程度ファジーにして、まずは「あなたの考え方もいいけれど、こういう考え方もあるよね」と優しさを届けることで、相手に柔らかく伝わるのではないかと思っています。

私の場合は、確かな軸がある話題——特に医学的・科学的な部分に関しては、はっきりとお伝えすることが多いです。けれど、考え方や生き方などについては正しさに幅がありますし、その正しさの基準は時とともに変わることもある。つまり絶対的な正解というものは1つではない可能性が高いですから、正しさよりも優しさを優先し、許容範囲を広く保つよう意識しています。

物事をはっきり言い切るタイプの人は、「自分が言うことに間違いはない」という自信があるのだと思います。けれど私たちは自分軸で考えをまとめてしまう傾向があると知っておくことで、時折「この正しさは自分にとっての正しさではないか？」と振り返って考えてみる機会も必要だと思うのです。

どんな挨拶が好ましいかな

Letter

40代の主婦です。恥ずかしながら、挨拶の仕方が難しく、分からなくなってしまいました。田舎の近所付き合いの濃い土地で生まれ育ちました。会えば必ず挨拶を交わし、立ち話をする風習のあるところで、気にかけてくださる半面、煩わしいと感じることもありました。現在は都会に嫁ぎ、近所付き合いは皆無。挨拶どころか目も合わせないあっさりした関係に慣れていたのですが、近所の人とすれ違っても挨拶も交わさない感じの悪いわが子を見て、私の背中を見て育ったからかと反省しています。せめて感じのいい人でありたいと変えていきたいのですが、今さらどうすればよいのか悩んでおります。先生は普段、どうなさっていますか？

毎日、私は自転車での通勤途中に多くの人とすれ違いますが、6〜7割の人はスマホを見て歩いていますし、電動自転車にすごい速さで追い抜かれたりする毎日です。きっと世の中には、〝全く知らない人たちのなかで自分ひとりで過ごしている〟と感じている人も少なくないのではないかと思います。

実際に普段の生活で、私が挨拶について〝嫌だな〟と思うことをお話ししますね。うちのマンションは自転車置き場の棟が別にあるのですが、その専用エレベーターは自転車2台が定員ギリギリで、子乗せ自転車だと1台のサイズです。

私は2階に自転車を置いているので、下行きのボタンを押して待っていると、上の階から降りてきた人は2階でも止まるわけです。エレベーターの出口が反対側のため背中を向けた状態なのですが、たとえ詰めれば乗れそうなときも、振り返りもせずにボタンを閉めて降りて行ってしまう人がいる。きっと出勤や登校、登園が重なる忙しい時間帯に「止められた」と感じているのだと思いますが、これは感じ悪いですよね（笑）。そんなとき、「ちょっと振り返ってくれたら挨拶できるのにな」という気持ちになったりもします。

私が逆の立場なら、必ず振り返って、乗る方がいる場合は会釈しますし、乗れない場合は「すみません」と声を掛けます。また、1階からエレベーターに乗るときに後ろから人が来たら、一応「一緒に乗られますか？」と聞きますし、自分が先に乗る場合も、会釈やちょっとした一声があると、お互い気持ち良く過ごせると思うのです。

実家で暮らしていた頃は、知らない人と自転車で行き交うときでも軽く会釈をしたものですが、現代、特に大都会においては、時間に余裕があっても挨拶をしないような世の中になってしまっています。そのなかで、お互いが「感じ悪いな」と思い始めると、全く挨拶しない状態が定着していくでしょう。

ですから、挨拶をしたいと思われるのであれば、まずは会釈をするのがよいでしょう。たとえ目が合わなくても、すれ違うタイミングで相手が頭を下げている感覚はきっと分かるはずです。それを何度も繰り返すと、いずれ目が合うようになり、会釈を返してくれるかもしれません。もちろん絶対に挨拶しない人もいますが、そんなときも私は軽く会釈するようにしています。こうして続けるうちに、生活圏内や職場でも普通に声を出して挨拶する習慣が生まれたらいいなと思っているのです。

一方で、自転車通勤中に、昔の同僚とすれ違うことがよくあります。向こうは歩きで、「あ!」とすれ違いざまに挨拶するのは朝の楽しみですし、朝にテンションが上がるような挨拶は本当に大事だと思うのです。

感じのいい雰囲気や快適な空間というのは、ひとりではつくってはいけません。だからこそ、お互いにその雰囲気や空間をつくっていく努力ができるような関係性、コミュニティを意識したいものです。

イライラする自分にできる5つのこと

今日はヨガスタジオのオンラインセッションに登壇したのですが、皆さんからの質問で意外に多かったのが「イライラの対処法」です。なかでも、「家族などの身近な人にイライラしてしまう自分が嫌で、何かできることはないか」という声をいくつかいただきました。

身近な人にイライラしやすい理由は、おそらく距離が近いと相手に期待してしまうからでしょう。期待するからこそ、裏切られたと感じたり、イライラや怒り、落ち込みといったネガティブな感情が生まれやすくなったりする。ですから、まずは他人に期待をしすぎないこと、イライラする自分の気持ちを受け入れること、さらに自分がイライラしていることを相手に伝えて、その状況を理解してもらうことがイライラに対する具体的な対処法といえます。

また、すでに感じてしまっているイライラを減らす方法はストレス解消法ともいい換えられ、実際にストレス解消法を多く持つほうが、少ないストレスで生きられることも知られています。次に5つのストレス解消法をご紹介しますので、ぜひご自身に合った解消方法を見つけてみてください。

1つ目は**寝てしまうこと。**「夜寝る前に頭に引っかかっていたことが、朝起きたらあまり気にならなくなっていた」という経験がある方も多いと思いますが、これは、ストレスホルモンと呼ばれるコルチゾールの値が眠っている間に下がることが原因と考えられています。

2つ目は**気持ちを切り替える方法を見つけておくこと。**運動やサウナなどもいいでしょう。私自身はお酒が飲めないので、冷えたレモンスカッシュを飲むのはお気に入りのひとつです。

3つ目は**ストレスとなっている原因とは全く関係のない人と、全く関係のない話をすること。**時にはストレスから気をそらすこと、直視しないことも、ストレス回避には効果的といえるでしょう。

4つ目は私自身がほぼ毎日実践していることで、**感情をすぐ言葉にしないという強い意志を**

持つこと。

なぜなら、自分の気持ちを言葉に置き換えたとき、その感情は言葉によって増幅され、よりネガティブな気持ちが強くなるからです。私自身は自分のなかにモヤモヤする気持ちが生まれたら、すぐに愚痴を言わず一度沈黙するようにしています。

メールも同様で、わざわざトゲのある言葉を返すことで、自ら次のストレスを生んでいる人が少なくないと感じますので、少し気持ちを落ち着けて、言葉を選んでから返信をするのがいいでしょう。

最後の5つ目にとても大切なのは、**世の中には自分と違う考え方の人がいると認識すること。**この考え方がベースにあると、イライラやストレスだけでなく、いろいろなことから解放され、自由になれます。

私たちが怒るのは、自分の物差しに他人を当てはめているからです。けれど、あらかじめ「自分と人の物差しは違う」と考えておけば、イライラを生むことも減るでしょう。これは年齢が離れていようが、ご夫婦間・親子間など関係性が近かろうが、同じ考え方です。それぞれが別のパーソナリティーを持った個体同士として、相手をリスペクトし、理解する努力をする。これは私たちの社会において、一番大事な土台になるのではないでしょうか。

「友達になりたい」と思われる人でいる

Letter

中学3年生の女子です。1・2年生の頃は、違う部活のにぎやかな子たちのグループにいたのですが、部活で浮いている気がしてよくないかなと思い始め、3年生になるのを機に、同じクラスになった部活の子たちと一緒に過ごすようにしましたが、正直あまり会話が弾まなくて物足りません。中学生活の最後なのでもっと楽しく過ごしたいのですが、今部活の子と離れてしまうと、また自分が浮いてしまうのではないかと心配で悩んでいます。どうすればいいでしょうか。

学校生活において、仲のいいグループがあると過ごしやすいのは確かですよね。一緒に過ごさなくなると、「あの子どうしたんだろう」という目で見られるなど、グループを変わるのが難しいような経験は私にもありました。部活にも体育系と文化系、単独活動とチーム活動がメインのものがあり、それぞれでコミュニケーションの必要性も異なりますよね。

いずれにせよ伝えたいことは、とにかく自分の好きに生きればいいということです。にぎやかな子たちと過ごしたいのであれば、そうすればいい。これまで2年間そうしてきたわけですし、きっと多くの部活は夏前後で引退になるのではないでしょうか。

とはいえ、今のグループを離れると少し落ち着かない時期もあると思いますが、そのなかで1つ覚えておいてほしいのは、**「柔らかいつながりをいろいろ持ってみる」という考え方**です。つまり、本当に仲良しの友達が数人いるのはありがたいけれど、それ以外の友達と仲良くするのも全く悪くないということ。部活の子と仲良くしながら、にぎやかなグループともできるだけ自然な形でコミュニケーションを持てばいいのです。

これは社会人の私たち世代にもいえることで、こうした柔らかい考え方を持っていると、人生楽に過ごしていけます。学生時代は現実的に難しいかもしれませんが、今は柔らかいつながりをいくつも持っておく時代だと頭に置いておくといいでしょう。

また、本来の友達づくりというのは「友達にならなくちゃ」と頑張るものではなく、「あの人と友達になりたい」と心を開き、アクションを起こすことで成り立つものです。

そう考えたときに大切なのは、「友達になりたい」と思われる人でいることです。では、どんな人と友達になりたいかというと、何かの高いスキルを持っているというケースもありますが、大抵はにこやかで、笑顔が多く見られて、自然に挨拶ができるような人だと思います。もちろん無理に努力する必要はなくて、自分自身が楽しく時間を過ごしていれば、人はその様子を見て、「この人と友達になりたい」と思うのではないでしょうか。

いずれにせよ学生時代は、夢をいくらでもかなえることができる年代です。同時に、自分の可能性を大きく広げられるかどうかは環境次第ともいえますから、今の時期をどんな人と、どんな付き合いを持って過ごすのかがとても大切です。できるだけ多くの人と良いコミュニケーションを持ち、多様な人が多様な考え方を持っていることを知り、自分の頭で考えて決めていけるといいでしょう。

そして、学生だけでなく社会人の皆さんも、さまざまな付き合いで生まれるコミュニケーションを、ぜひ自分の未来に生かしていただけたらと思います。

やる気を引き出すフィードバックとは？

Letter

40代後半の女性、派遣社員です。仕事ができない人を成長させ、自己肯定感を高める魔法の言葉はあるのでしょうか。職場に、スローペースでミスが多く、何かにつけて上司の女性にきつく言われて落ち込んでいる同僚がいます。「そんなのでこれからどうするの」「どうしてそんなことも分からないの」といった、余計に自信が持てなくなるような言葉のオンパレード。私も、仕事のペースが落ちると「〇〇さんなら半分の時間でこなせる」「時給の割に合わない」などと言われ、他に言い方があるのではと反論したくなります。高尾先生が上司なら、どのように叱咤《しった》激励されますか？

私が考える上司の仕事というものは、部下の方のやる気を引き出し、上司だから変えられることを変えていくことで、より良いアウトプットを生み出すことです。

相手の意識やアクションをうまく変えていくには、フィードバックをどのように伝えるのかが大切です。同時に、相手のキャラクター、上司と部下という関係性をよく考えないと、その内容や伝えたいと思う熱量はうまく伝わらないでしょう。

実際にきつく言われているこの方は、本当にできていなかったり、時間がかかっていたりするのかもしれません。けれど、ただ相手にその事実を伝えるだけでは何も変わりません。なぜなら、変えたいと思う気持ちになれないからです。本当に必要なのは、少し先の未来を良くするためのフィードバックなのです。

では、実際に私がどんなことを意識しているかというと、まずは先に相手の良いところを伝えるということです。その人の良いところ、うまくできているところ、私が感謝しているところを伝えた上で、具体的に変えてほしいところを伝える。そうすることで、本人のやる気を引き出しやすくなるのです。

逆に避けているのは、過去の同じような出来事をまとめて伝えたり、〝みんなの意見〟として伝えたりすることです。今起こっていることに対して、「いつもこうだよね」「いつもミスするよね」という言い方や、「みんなもそう言ってる」という言葉でまとめてしまう。過去のことを引っ張り出したり、個人の気持ちをみんなの意見に置き換えたりするのはフェアではありません。**大切なのは今起きている困り事を、「一緒に変えていこう」と提案することなのです。**

とはいえ、この上司の方はすぐには変わらないと思いますし、聞きたくない内容を聞くのもつらいでしょう。

そんなときには、聞き流す努力をしたり、Chapter2で述べた「心に鎧を着せる」イメージを持ったりすることも有効です。「相手の言葉で傷つかない、前向きでいる」という意思を持つことで、ある程度は自分の心を守れるはずです。

最後に、**フィードバックのスキルは、上に立つ人にだけ必要なものではなく、社会で過ごすみんなに必須のスキルです。**働くみんなにとって、同僚が良いアウトプットができることは望ましいことです。ですから、仲間が攻撃されている場合は、一段落したタイミングで、上司の方に「今の伝え方じゃなかなか変わっていけないですよね」と、同僚としての素直な気持ちを伝えてみるのもいいと思います。同時に、同僚として仲間にねぎらいや感謝の言葉を1つ添えるだけでも、チームの一員の気持ちをリカバリーする手助けになるでしょう。

いずれにせよ、私たちが人に何かを伝えるときは、伝えた後にお互いが良く変わっていくような伝え方、言葉の選び方を意識したいものです。

「心が狭い」自分が嫌だと思ったら

先日、40代半ばの独身女性から、「仕事の面ではキャリアを思うように積めているけれど、仕事上で自分のことを〝心が狭い〟と感じていて、そんな自分が嫌だ」というご相談をいただきました。

まず、「心が狭い」というのは、周りの状況や行動、言葉をなかなか受け入れらない、いわば人に対して思いやりの気持ちを持てない、器が小さいといった状態だと思います。自分の思い通りにならないとイライラしたり、細かいことを気にして怒ったり、不機嫌になってしまったりする人。よくいえば、細かいことに気が付く人、完璧を求める人でもあるのですが、許容範囲が狭く、他人や自分を許せずに厳しくしてしまうのでしょう。

その厳しさが、社会全体に対する厳しさならいいのですが、心を通わせるべき身近な人たちに対して厳しい状況ならば、残念ながら良い関係性を築けない原因になり得ます。

また、心が狭い人は、自分のことが一番大事な利己主義の人ともいえるのではないでしょうか。例えば、自分のためであれば頑張るけれども、他人のためには頑張れない。自分の常識を正しいと考えて、物事を人のせいにする。自分が嫌なことや苦手なこと、損や面倒は避ける。他人の成功を心から喜べずに嫉妬をしたり、他人をけなしてマウントを取ったりするような人もいるでしょう。そんな人は、周りが良かれと思ってするアドバイスも、素直に聞けないことが多いもの。

つまり、社会においてキャリアは積めていても、周りの人たちとうまくやっていけない人ともいえます。

心当たりがある人は、**まず自分が「心が狭い状況になるような環境に置かれていないか」を考えてみること**も大切です。

例えば、バリバリ頑張ってきた女性なら、頑張りすぎていないかどうか、自分のキャパを超えていないかどうか、したくないことをなんでも引き受けていないかどうか、「自分や周りはこうでなくちゃ」と型にはめた考え方をしていないかどうか、自分自身の良さを潰していないかどうか。これらは緊張感やイライラを抱える原因になりますし、企業や組織で立場のある人には多少なりとも当てはまることだと思うのです。
もちろん、仕事が無理なくできているならいいのですが、無理を感じるならば、一部を手放してみてもいいでしょう。特に自分がリーダーシップを取る立場にいるならば、「仕事の一部を得意な人に任せて、きちんと感謝をする」という進め方のほうがうまくいくはずです。

心が狭いと感じると、そんな自分が嫌だという気持ちになり、さらに自分を前向きに認められなくなるという悪循環が生まれるでしょう。ですから、まずは自分のいいところを自分で認め、できれば周りの人のいいところも探してみる。人に思いやりを持つためには、相手の気持ちや立場を想像する力、理解しようとする努力が必要です。こうしてお互いの良さや違いを尊重することは、多様性を生むことにもつながるのです。

そのためには、広い視野で物事を見ることが大切です。少し離れたところから自分と相手の行動や会話を眺めてみて、「こんな考え方をする人もいるんだ」「こんな考え方もありなんだな」、そんなふうに客観的に捉えてみるのもいいのではないでしょうか。

合わないなと思う人と仕事をするときに意識したいこと

私が一緒に働いている人や世の中を眺めていて感じるのは、「合わない人と仕事をしなければならないケースがある」ということです。

そんな皆さんにまず知っていただきたいのは、「合わないと思ってはダメだ」とか、「みんなと平等に接しなければ」などと思う必要はないということです。合わないのは自分の個性、相手の個性があることが理由で、それはある意味仕方がないのです。

私は今でこそ〝仏の高尾〟といわれますが（笑）、これまでの人生で合わない人がいなかったわけではありません。けれど、合わない人たちは、いずれは自分の大切な交流関係からは消えていくものです。

きっと、合わない人との対策を真面目に考える人は、相手を理解して良いところを見つける努力をしてみたり、「相手は自分の鏡で、同じように嫌な部分を自分も持っているから反発し合うのでは」と捉えてみたりと、すでにいろいろな努力をされていると思います。さらに、上下関係があって、目上の相手と合わない場合には、「いくら頑張っても認めてもらえない」とつらくなることもあるでしょう。

そんなときに思い出してほしいのは、「あなたのことを見ているのはその相手だけではない」ということです。

もしあなたが正しく、真っ当な方法で努力を積み重ねているのであれば、その人ではない他の誰かが必ず見て、正しく評価をしてくれるはずです。ですから、合わない人からの評価が悪いからといって、腐って自分の努力をやめてしまうことは本当にもったいないと思うのです。

私がこれまでにしてきた具体的な方法は次の通り。もしその相手と会う頻度が年に数回くらいの場合は、受け流すに限ります。一方で、接点が多くてスルーできない場合は、接点を減らす努力をしたり、直接的なやり取りを減らしたりする方法に持っていくのがいいでしょう。

それでもダメなら意識的に距離を取り、一線を引くことが大切です。仕事相手であれば、仕事の部分だけのやり取りにする。そのうちに、相手のことを自分にとって大した問題ではないと捉えられればしめたものです。なぜなら、頭の一部を「あの人とは合わない」というストレスが占めると、脳のパフォーマンスを落とす大きな理由になり得るからです。

一方で、自分では気づかないうちに、相手から勝手にライバル心を燃やされている場合もあるでしょう。それは合わないのではなく、いわば嫉妬です。やきもちを焼かれる立場にいる可能性を理解して、小さなことは気に留めず、お天道様の照らす大きな道の真ん中を堂々と歩いていく。そんな生き方を続けていけばいいのです。

私自身、今は自分が仕事相手を選べるような環境に置かれていますから、全く合わない人は相手にしなくていいという選択肢もあります。それは、仕事上のテクニカルな努力やコミュニケーション能力を磨いた結果かもしれませんが、それよりも私の周りには私を前向きに良く理解しようとしてくれる人たちがいて、だからこそ私は自由に発信をし、自由に仕事をし、次のプランの発想を練る、そんな時間の使い方ができるのだと感謝しているのです。

自分の強さというものは、いわば自分ひとりの強さです。こうして自分を取り巻く環境を確立させていくことも、自分の強さをより安定させ、継続させていく力につながっていくのだと実感しています。

人に振り回されないために できること５つ

私は昔から「超マイペース」とよく言われますが、マイペースというのはいわば「周りの人に振り回されない生き方」ともいえます。今回は、私が周りの人に振り回されないためにしている５つのことを、お話ししてみたいと思います。

１つ目に大事にしていることは、**自分の選択に軸を持つ、つまり自分の判断に自分なりの理由をつけていくこと**です。

私たちは、１日に７０００回以上の選択をしているといわれます。例えば、朝起きてうがいをしてからトイレに行くのか、猫にどのごはんをあげるのか、次は何を飲むのか。さらに「仕事を受けるか断るか」など、はっきりとした選択を迫られるケースもあります。

こうした選択に対して、自分なりの理由をきちんとつけて「自分で選び、自分で決めた」という意識を持つこと。たとえ人から言われたことでも、「最後は自分で決めた」という意識を持つことが大切です。こうして、「自分の人生は自分で選んでいる」という認識を積み重ねることが、主体的な人生につながっていくのです。

そのなかで時折考えたいのが、「これからの自分の人生をどうしていきたいのか」ということです。例えば、仕事や自分の生活環境をどうしていくか、誰とどこで生きていきたいのか、自分がどんな状態が望ましいのか。これらを考え、自分自身で選択していくことが必要です。

産婦人科医の立場としてお話しすると、これは女性の人生においてもいえることです。例えば日本では、なんとなく異性とお付き合いして、妊娠したら子どもを産む、そんな受動的な選択をする人も多いのですが、本来はライフイベントとしての妊娠や出産を、自分の仕事やライフワークのどこに据えるか、その人生の年表は私たちが決めていけるはずです。ですから、人生のあらゆる場面で能動的な選択をすることが大切なのです。

2つ目は、どうでもいい人からの反応はスルーすることです。私はよく「華麗にスルー」なんていいますけれども、例えば、SNSでしか交流がないような人からの批判的な意見は見る必要はありませんし、もし見てもスルーすればいい。これはいわばトレーニングのように、意識すればすぐにできるようになるでしょう。

一方で、〝自分にとってどうでもよくない人〟には2種類あって、1つ目は良い交流があり自分に良い影響を及ぼす人、2つ目は自分が執着して振り回されてしまう人です。後者は自分に悪影響を及ぼすと分かっていながらも、心の底で「相手に良く思われたい」と思って振り回されている状況で、そのほとんどは平等な関係性にありません。ですから、**振り回される状態をやめるかどうかを自分で見極め、やめる場合は、相手のことを「どうでもいい人」と自分の意思で決めてしまうこと**が大切です。

3つ目は交渉です。例えば仕事であれば、フィーや場所などの条件については、部分的であったとしても交渉の余地がありますし、なんでも言われた通りや言いなりになる必要はありません。

ただ1ついえることは、交渉できるだけの実力を持つことが大前提、ということです。ある程度実力を持って社会に認められるようになったら、交渉をして自分の希望をかなえることも大切ですが、まだひとりでは何もできない成長の段階であれば、今は勉強の時期として受け止める必要があるでしょう。

そして4つ目は、これまでも何度か述べましたが、**一歩下がって全体を客観視する習慣**です。目の前に起こっている出来事も、一歩引いて観察してみると、感情的にならずに冷静な判断ができる。すると次の建設的な一歩を選べますし、意識することで習慣化していくでしょう。
実際に物事の渦中にいる人というのは、目の前の渦の中しか見えていません。そんなときに全体を見ることは、自分が渦の中でもがいている状態から自分を引っ張り上げるきっかけになるのです。

5つ目は、過ぎたことは忘れるという潔さや図太さを持つことです。私は、イマイチだった出来事というのは、割ときれいさっぱり忘れることができるので、ある意味いいことしか記憶に残っていません。(笑)
例えば、「自分がこの仕事に選ばれたかったな」と思うような出来事があったとしても、今はそのときじゃないと考えて流してしまう。こうして潔く忘れることが、そのときの自分に求められている目の前のことや、自分のしていきたいことに集中できる秘訣です。
私たちの人生は、私たち自身がつくっていくものです。ぜひ余計なものに振り回されない意志を持って、日常の1つ1つの物事を、丁寧に選択していきましょう。

人との出会いは必然、私たちは幸せになるために生きている

今回お伝えしたいのは、今、私たちが出会う人や出来事とのご縁についてです。

今、日本の人口は1億2000万人超、そのうち私が住む東京の人口は1400万人程度。そのなかで私自身が普段コミュニケーションを持つ人は、平日であれば数十人ほど。友達、仕事で会う人たち、ヨガや講座での関係者の皆さん、長年付き合ってきたジムの友達、血のつながっている家族とつながっていない家族、そして家にいる猫たち。私はこれらの人たちと、出会うべくして出会っていると思うのです。

一度出会ってそれっきりの人も多いなかで、東京都内だけでも1400万人分の数十人という奇跡のような確率でコミュニケーションを持ち、良い時間と機会を繰り返すなかで、信頼

とご縁が積み重なっていく。そう考えると、ただありがたがるだけでなく、その人たちと出会った意味を考えてみる必要があると思うのです。

いろいろな出来事との出合いも同じです。最近は、病気や事故などのショッキングな出来事、うれしい出来事など、すべてが複雑に絡み合って、自分自身が本来やるべきことに近づくための準備なんだと思うようになりました。

新型コロナウイルスの感染拡大が続くなかでも、私たちはいろいろな学びを得ています。大きな時代の変化のなかで、不安を感じすぎることなく、「すべての出来事は今後のための準備である」という考え方を持つことは、さまざまなことを前向きに受け止めるための良い方法だと思うのです。

出会いもあれば、当然別れもあります。だんだんと疎遠になったり、けんか別れや死別のような突然の別れもあったりするかもしれません。けれど、**「出会いと別れの時間やそのなかで得た経験は、これからの人生のための準備」という考え方を持てるならば、すべての出来事の意味を前向きに受け止めていける**でしょう。

さらに、反面教師的な出会いもあり、何度ご一緒する時間を持っても、嫌な感じが続くような関係性の相手もいるでしょう。けれど、嫌と感じるような時間さえ、私たちにとっては何かを学ぶ機会になりますし、出会った意味を考えた上で、関係性を手放すという選択肢もあるのです。

いずれにしても、人との出会いというものは必然であり、私たちはその出会いを積み重ね、幸せになるために生きています。特に恋人や夫婦、家族、親子のような非常に強いご縁ともいえる人については、お互いの人生を幸せにしていくために、何を学ぶために一緒にいるのかを一度考えてみるといいでしょう。

たとえよくない状況に置かれたとしても、すべきことをした上で、自分が幸せになるために何をつかみ、何を手放すのか、日常や環境を振り返ることも大切です。一番望ましいのは、自身が幸せになるための選択をすること。このベースを忘れずに、良い関係性と学びを積み重ねていけたらと思っています。

Letter

現在26歳、気を許している相手との接し方について悩んでいます。大学卒業まで両親と同居していましたが、反抗期と呼ぶような期間を過ぎても親に対して素直になれず、冷たい態度を取ってしまい、親子関係は良好とはいい難い状態でした。親元を離れてからは、いい距離感で接することができるようになり、以前より関係は良くなりました。今付き合って1年になるパートナーがいますが、最近彼に対しても、以前両親に接していたときと似たような冷たい態度を取ってしまいます。「おざなりな態度を取っても、相手は自分を嫌いにならないだろう」という甘えから来ていることは自覚していますが、なかなか改善することができません。大人になり切れない自分に嫌気が差しています。

人間関係は4種類、大切にすべき人たちは？

どうしたら一番身近な人たちを大切にできるのか、というご相談かと思います。
まず、相手のことを大切にしていない言葉や行動、思いというのは大抵相手に伝わっていて、気が付いたときには相手の心が離れていることは少なくありません。ご自身で気づいても改善できないということは、きっとこの方は本当に痛い失恋をしたり、別れを切り出されたりした経験がないのかもしれないないなと想像します。

ご質問の直接の答えにならないかもしれませんが、私自身は、自分の周りの人間関係を大きく4つのグループに分けて考えています。これはダーツの的《まと》のようなイメージで、真ん中の目の部分にあたる**1つ目のグループが、私たちが一番大事にしたい存在。**例えば、家族やパートナー、それ以外の大切にしたいと思える人間関係で、10人に満たないくらいの小さなグループです。もちろん、親子関係がよくなかったとか、家族と離れて暮らしていたなどさまざまなケースがありますから、必ずしも血縁の人が入るとは限りません。

その外にある**2つ目が、普段からまめにコミュニケーションを取り、何かがあったら飛んでいきたいと思うような友人関係**です。私にとっては、一緒に働く仲間やジム友、なかなか会えないけれど昔一緒に働いていた仲間や地元の友達も含まれますし、人によっては以前付き合っていて、良い関係が続いている相手も当てはまるかもしれません。

さらにその外側の3つ目は、認識しているけれどあまり注力しない人間関係。1年間のなかで数回はコミュニケーションを持つ機会があるけれど、連絡をもらって思い出すくらいの関係性です。残りの4つ目は、知らない人、全く交流のない人たちです。

この4グループのなかで、私は2つ目のグループに入る人が割と多く、この人たちに対しては思い入れも強いし、愛情や友情といった〝情〟を非常に強く感じるタイプです。さらに、1つ目と2つ目の境目が曖昧で、本当に大事にしたい人が多いタイプと理解しています。私が生まれ育った名古屋出身の方と話していてよく感じるのが、自分の仲間だと思ったり打ち解けたりするまでには時間がかかるけれど、いったん仲間だと思った人たちに対しては家族同様に大事にする土地柄だということで、そういった環境の影響もあるのかなと思っています。

さて、レターをくださった方は、一番中心に当たるグループの人たちに対して自分が思うような対応ができていないということですが、最もお伝えしたいのは、私たちがこの人生で出会う人たちとは、なんらかの縁があるということです。前項でもお伝えしたように、これだけたくさんの人がいるなかで、実際に出会ってコミュニケーションを持つ人はやはり深いご縁がありますし、親子やパートナーであればなおさらです。ですから、もしご自身が素直になれていないと自覚しているのであれば、「大事に思っているけれど、なかなか思いを素直に伝えてこられなくてごめんね」といった形で、ぜひ素直な気持ちを伝えてみてください。

特に1つ目のグループは、自分が一番深いご縁をつなぐ人たちといえます。このご縁というのは、お互いにその気持ちのやり取りがあって続くもので、それがないと、お互いの思いが薄れていきます。けれど、そのやり取りがなくても続く可能性があるのが、血縁関係といえるのかもしれません。ご両親におざなりな態度を取っても、気持ち良いコミュニケーションが取れなくても、大事な娘に対して無償の愛というものを注ぎ続けてくださったからこそ、今、距離が離れて良い関係性になれているのだといえますし、ご自身がどれだけ多くの愛情をもらっているかということに気づいてほしいと思うのです。

もちろん、このグループ分けは人によって異なるでしょう。私自身は、きちんとコミュニケーションを取り、相手のことを思うような2つ目のグループの人間関係を広げていくことが、これからの私たちの人生に温かい時間を増やしてくれる要素になるのかなと考えています。

その人の存在そのものに「ありがとう」を伝える機会を

先日、私が一生懸命取り組んできた職務に対して、一緒に仕事をしている方からフィードバックをいただいて、感謝の気持ちが強く伝わってきたことがありました。そして、きちんと感謝の気持ちを伝えてもらえるということが、いかに次なるモチベーションにつながるかということに、私自身改めて気づかされたのです。

毎日のように顔を合わせる間柄になるとつい忘れがちですが、例えば「次の段取りをしておいてくれた」など、何かのアクションに対する感謝の気持ちを伝えるのは当たり前のことだと思います。逆に、実務における行動や発言、内容のミスなどが明らかだった場合は、本人が反省をして繰り返さないためのフィードバックをすることも大切でしょう。

こういった個々の出来事への対処が大切なのはもちろんのこと、その上で、**その人の活動に**

向かう心意気、醸し出してくれる雰囲気、態度や言葉など、その人の存在そのものに対する感謝を伝えることは、相手にとってその後の大きなモチベーションになると思うのです。

大きな組織でなくても、例えば家庭におけるお父さん・お母さんなど、リーダーシップを取る立場の人は多いと思います。そんな人も、おじいさんやおばあさん、お子さんといった構成員の方たちに、分かりやすいアクションに対する感謝だけではなく、良い雰囲気や時間をつくろうしてきてくれたことに対する感謝、その人の存在そのものに感謝をするという機会を持ってみる。こうして、ひとりひとりの良いところを見つけて、チームとしての感謝を伝えることで、さらに良いチームになっていけますし、世の中にそんなチームが増えれば、社会全体が大きなチームとして良い方向に変わっていけるのではないでしょうか。

世の中に、「ありがとう」と感謝を言葉にされて、嫌な気持ちになる人はまずいないでしょう。私自身、リーダーシップを取りつつも、職場の仲間にリードしてもらっている部分もたくさんありますので、やはり感謝の言葉を伝えられると心がぽっと明るくなります。

皆さんも、周りにいる人の小さな失敗や残念な出来事ではなく、長い期間のなかでしてくれた良いことに目を向けてみてください。その人の存在そのものに感謝できる部分、その人の他人と違う良さを探して、何かの節目にひとりひとりに伝えてみてはいかがでしょうか。

Letter

いつもみんなのこと想像しながら話してます

最近オンラインでのやり取りが多くなり、声の重要性を実感しています。先日、自分の声を聞いたところ、とても低くてとがった声でショックでした。先生のようにまろやかでそっと寄り添ってくれる、そんな素敵な声の持ち主になりたいです。声に関して、また伝える側に立つときの心得について、日頃気を付けていることはありますか？

私自身、このような音声での配信を始める前は、自分の声を録音して聞くことはほぼありませんでした。今はこのリアルボイスの録音・配信をチェックするために聞き返すことがありますが、自分の耳に聞こえている声と配信の声は少しイメージが違っていて、人には自分の認識と違う印象で伝わっているのだろうなと感じています。

最近よく、「癒やされる」とか「寄り添うような声」などと言っていただくことが多くてとてもうれしいのですが、発声のレッスンを受けたことはないですし、特段気にかけていることはありません。ただ1つ思い当たるのは、私自身が「人に何かを伝えたい、きちんと分かってもらえるように伝えたい」と思って話をする機会が多いということです。

私は1日で9時間の講座をするなど、多くの人に長時間話し続ける日もありますが、リアルボイスのわずか10分間も雑談するときのしゃべり方とは違って、皆さんが受け取りやすいような、きちんと伝わるような言葉の選び方、声のトーンやスピード、間合いなどを自然に考えていて、それが「受け取りやすい」と感じてもらえる理由なのかなと思います。

それ以外に心がけているのは、相手に興味を持ち、相手が話しやすいような聞き方、話し方をすることです。例えば、医療上の問診では、私が知りたい情報が得られるように質問をし、その答えから治療方針を決めていく必要があります。

そのなかで特に意識しているのは、自分自身が何を伝えたいのかを自分のなかで明確にすること、一番フォーカスしたい部分を決めることです。これは当たり前のことで、伝えたい物事がまとまっていなければ絶対に伝わらないからです。

臨床における問診の場合は、最終的なゴールはその方が困っていることをきちんと把握し、改善の道に促すことです。たとえ質問の途中でフォーカスする内容が変わっていったとしても、最終的なゴールを目指して話をすれば、ぶれることはありません。

実際に配信でレターにお返事するときも、自分のなかでフォーカスしたい部分は決まっていて、そこにたどり着くまでの道のりのなかで肉づけをしてお話しするようにしています。

もう1つ意識しているのは、**話題のなかで、まず自分が賛同できる部分を見つけること。**いわば、グッドニュースを先に、バッドニュースを後に伝えることです。賛成の意見を伝えた後で多少の反対意見やプラスしたい意見を伝えることで、相手からより理解が得やすくなると思います。

最後に大切なのは、自分自身が楽しんで話をすることです。やはりその時間を自分が楽しんでいれば自然に笑顔になりますし、勝手に笑いも生まれるでしょう。

ちなみに、私が5時間など長時間話し続けるとき、実際に元気なのは前半までですが、実はそれ以降にすごくエネルギーが出てきます。その理由は、皆さんの気持ちが受け取れるから、つまり皆さんの反応がモチベーションになっているからです。この配信も、「キッチンで家事しながら聞いてます」とか、「寝る前に聞いています」といった多くの声をいただき、皆さんのことを想像しながら話をするのが私の楽しみになっているのです。

皆さんが人に話を伝える際、何かの参考になれば幸いです。

column

私の本との付き合い方

私は、本の神様がついてくれているのかなと思うぐらい、昔から本を粗末にすることができないタイプです。

実家に住んでいた頃、大きな地震が起きたときにまず私がしたのは、本が落ちてくる机の上に布団を投げることでした。本が落ちて角がつぶれるのが嫌なくらい、本を大切にしていました。中学生や高校生の頃、書名や購入日を一覧表にした手書きの「蔵書ノート」を作っていましたし、今でも自分が持っている本を記憶しています。

現在住んでいるマンションでは、リフォームをして書斎に本棚を作りつけ、書斎のクローゼットも本棚に改造。リビングの本棚もあるので、本の収納がとても多いのです。

私の本の分類は、1軍、2軍、3軍といった分け方です。クローゼットの本棚は、奥から手前まで3列に本が並んでいて、古い本たちは3軍として一番奥に収納しています。2軍の本はだいたいリビングの本棚にあって、1軍の今読んでいる本は、家の中のあちこちに本の山になっています。その山から「今日はこれを読もうかな」と抜いて持ち歩くこともありますし、ベッドサイドやトイレにも本が置いてありますから、常に3～4冊を並行して読んでいる状態です。

増え続ける本をどうにか家の中に収めて過ごしていますが、私は年に数回しか見ない本でも、捨てたり売ったりはしません。以前、家族の本を古本屋に売ったことがあるのですが、大切にしてきたきれいな本が二束三文にもならず、すごくショックでした。それよりはメルカリのようなフリマサイトに出すほうが、本当に欲しい人が直接手に入れてくれると思いますし、私自身もすでに廃番になっている本を安く譲っていただいたこともあります。

私が昔と変わったと感じるのは、本をきれいなまま読みたいという気持ちよりも、時間を有効に使いたいという気持ちのほうが強くなったことです。今後もおそらく人には売らないので、自分の気に入った箇所に付箋を貼ったり、黄色い蛍光のクレヨンで印を付けたりして読んでいます。もし、私が新しく事務所や不動産を持つとしたら、壁一面に図書館のような大きな本棚を作りたいですね。階段を付けて、手に取りたいときにすぐ手に取れるような、自分の本棚を持てたらいいなと想像しています。

私にとって本は一緒に年齢を重ねてきた仲間でもあり、今でも「どんな時期にどんな気持ちで読んだ」という記憶が残っています。これまで楽しい人生を過ごしてきましたが、今思えば学生生活のなかでは本が友達のような時期もありましたから、仲間のような愛着を感じると同時に、私たちに時代を超えてさまざまな物事を伝えてくれる文字や文章だから、リスペクトの気持ちを持っているのです。

Chapter

4

女性の体について知ってほしいこと

女性の心の不調とホルモンとの関係

今回のテーマは、特にご相談の多い「女性の心の不調とホルモンバランスとの関係」についてです。

まず、女性のメンタル面での不調で多く聞くのが、気分がふさぐ、うつっぽくなる、涙もろい（なんでもないのに泣けてきてしまう）、イライラして人に当たる、緊張感が強くて人の言葉に対して過敏になる、などの症状でしょう。

こうしたメンタルの病気でよく知られるものに「うつ病」がありますが、実は女性のうつ病の有病率は男性の2倍と高く、そもそも女性はメンタルの不調に見舞われやすいといわれます。

女性のうつ病発症のピークには、3つのタイミングがあります。

1つ目は**生理前で、メンタルの不調はPMS（月経前症候群）**ともいわれます。2つ目は**出**

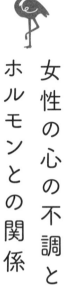

産後に赤ちゃんを育てる産褥期《さんじょくき》、3つ目は更年期から閉経にかけてです。そう考えると、女性は仕事や子育てなどを頑張るすべての年代において、メンタルの不調が起こりやすいといえるのです。

では、3つのタイミングとホルモンの変化との関係を見ていきましょう。まず、生理周期をつくり出すのはエストロゲンとプロゲステロンという2つの女性ホルモンですが、生理前は抗うつ作用、つまりメンタルの安定を保つ作用を持つエストロゲンの分泌が減るために、落ち込みやすくなると考えられます。

また、妊娠中は胎盤から妊娠を継続するために必要な大量のエストロゲンが分泌されるため、いわば人生で最も多くエストロゲンが存在している時期ともいえるのですが、出産後に胎盤を失うとほぼゼロの状態になり、これがマタニティブルーや産後うつ病などの原因のひとつになると考えられています（産後うつ病について、詳しくはp.184～でお伝えします）。

一方、更年期では、エストロゲンの分泌量は嵐のようなアップダウンを繰り返しながらも、徐々に分泌量が減少していきます。そのため、更年期にうつ状態をきたしている場合には、エストロゲンを足すホルモン補充療法を行うケースもあります。

つまり、女性ホルモンの代表であるエストロゲンの分泌量が減少する時期に、メンタルダウンが起きやすいということです。

同時に、エストロゲンの分泌量に影響を受けるのが、ハッピーホルモンと呼ばれるセロトニンです。セロトニンは正しくはホルモンではなく、モノアミンと呼ばれる神経伝達物質の一種で、エストロゲンが増えるとセロトニンが活性化されることが分かっています。エストロゲンの分泌量が減少することで、セロトニンが活性化されにくくなり、メンタルダウンに影響している可能性があります。

ＰＭＳを含むすべての不調が、セロトニンとエストロゲンとの関係性だけで説明できるわけではありませんが、セロトニンとエストロゲンの分泌量には大きな関連があり、私たちのメンタルに作用を及ぼすと考えられるのです。

このように、私たちの人生においてホルモンの変動は何度もやって来ます。それに伴うメンタルの不調を解決するには、まずは不調に自分自身で気が付く、周りの方に指摘されたときには一度受け止めて振り返ってみる、専門家に相談してみる――。こういった前向きな取り組みも解決への近道となります。

特に注意したいのが、自分で不調に気づけない人や、調子が悪いという感覚を自分で打ち消してしまう人です。知らないうちに症状を悪化させるケースもありますので、気になる人は、**うつ状態の指標とされる「なんでもないのに涙が出てきてしまう」「自分が好きだったことに対してやる気が起こらない」の2項目を、意識してチェックする**といいでしょう。

また、思い切って医療機関に相談することも大切で、何科に行けばいいか分からない場合でも、まずは医療機関に相談すれば、専門性の高い機関を紹介してもらえるでしょう。（ちなみに、更年期のうつに関しては、6割超は内科、1割は産婦人科に相談するといわれています）。

私たちが度重なる変化に柔軟に対応し、前向きに生活をしていくためには、まずはこうしたホルモンの変化について理解することが大切です。その上で、「私たちはメンタルの変化があり得る生き物だ」ということを、ぜひ心に留めておいていただければと思います。

妊活中のメンタルの保ち方

Letter

37歳、タイミング法で妊活中です。特に生理前はどんよりと体も重く、今回も生理が来てしまうのかと思うと、時間が過ぎるのが長くて耐えられません。案の定、生理が来るとさらに落ち込みます。妊娠中のメンタルの保ち方について、アドバイスをいただければ幸いです。

タイミング法とは、排卵の時期に性交渉のタイミングを合わせる方法です。

ここで考慮する必要があるのが、タイミングが合っているかどうかと、37歳という年齢は、自然妊娠の成立や胎児の発育過程に対し、すこぶる良い環境ではないということです。また、男性側も年齢が高くなると精子の状態も変化するため妊娠成立させる力が下がり、さらに性交渉を持てる機会も減ってきますので、毎月どのくらいトライできているのかも重要な点です。

これらを考えると、基本的には女性が35歳以上で、タイミング法を含めた自然妊娠が半年間見込めなかった場合は、卵管や精子のチェックをした後、次のステップ、つまり体外受精からの顕微授精への移行を前向きに検討するのがいいでしょう。


しかし、今回のレターのメインは、妊娠に関してというよりはメンタルのご相談かなと思います。まず生理前は、妊活中でなくても心身のイマイチさを訴える人は多くいます。体の面では、便秘や頭痛、腹痛、むくみ、体重の増加、眠さ、食欲増進、メンタル面では、落ち込む、うつっぽくなる、イライラする、涙もろくなる、緊張感が強くなる、攻撃性が高くなるといった変化が見られますが、これらの多くは自然なサイクルに伴う一時的な体と心の変化と捉えればいいでしょう。

一方、これらのために生活上困っている場合はPMS（月経前症候群）と診断され、治療の対象になります。対処法のひとつは低用量ピルで、（保険適用でないため）自費で処方を受けるか、月経困難症や子宮内膜症を保険適用とするピルを使う方法があります。

ただし妊娠を希望する際には、排卵を抑制する低用量ピルは使用できませんから、もう1つの方法として漢方、例えば「命の母ホワイト」などの漢方成分が入った市販薬や、産婦人科で処方される漢方製剤などが選択肢になります。

さらにこの方は、生理前の不調だけでなく「生理が来るとさらに落ち込む」とあるように、妊娠できないことや、妊活を続けていること自体がストレスのように見受けられましたので、妊活自体を前向きに継続することも大切な要素だと感じました。

もちろん年齢は遡れませんので、タイミング法を半年以上続けているならば、次のステップに進んでしまうのも選択肢のひとつです。なぜなら、もしこの状態が1年、2年と続いた場合、メンタルの状態が今より良くなることは望めないように感じますし、自分が納得できる取り組みをすることで、前向きになれる可能性があるからです。

何より一番大切なことは、頭の中を妊活でいっぱいにしないことです。もちろん生活のなかで睡眠時間をしっかり確保する、ストレスを減らす、仕事を詰めすぎない、といった意識を持つことは大事ですが、頭の中が妊活一色になってしまうと、日常生活そのものがつらくなる人も少なくありません。つまり、妊活自体にフォーカスしすぎること自体がストレスになり得ること、自分で自分を追い詰めている可能性があることも知っていただきたいのです。

例えば、生活のなかに趣味や好きな芸能人、映画鑑賞など、自分にとって心の癒やしになるような、妊活以外のことを考える時間をきちんと確保してみる。できればそれをパートナーとも共有しながら2人で良い時間を過ごしていくなかで、妊娠が成立していくことを私は願っています。

私たちの人生において、もちろん子どもができたら最高です。でも、**もし子どもができなかったとしても、最高の人生にしていけます。**妊活や妊娠というのは、私たち自身の人生の一部にすぎません。そう考えて、ぜひ気持ちも体も楽にトライしてみてください。

これまでほとんどフォーカスされなかった「産後うつ病」

「産後うつ病」という言葉は、ここ1～2年でようやく一般的になってきましたが、実は周産期（妊娠～出産～産後育児の期間）におけるお母さんの心の問題は、これまでほとんど取り上げられてはきませんでした。

本格的な産後うつ病の研究は、１９８０年代にロンドン大学の精神医学研究所を中心に始まり、世界各地に広がりました。日本では90年代から三重大学や九州大学の精神科を中心に研究が進められましたが、実際に産婦人科の診療において産後うつ病がフォーカスされ始めたのはつい最近の２０００年頃です。その頃の産科医療界は、脳性麻痺の子どもが生まれたり、分娩により母体が亡くなったりといった医療訴訟もまだまだ多く、母や子の身体的異常に対する診療内容の改善、医療体制づくりに東奔西走していた時代で、お母さんの心にフォーカスする余裕がなかったともいえるかもしれません。

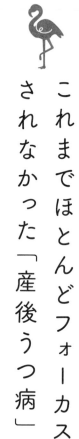

続く2016年に報告されたある研究では、05〜14年の10年間に東京都内で63人の妊産婦が自殺で亡くなり、世界的に見るとその数は英国やスウェーデンよりも3〜4倍多いことが明らかになりました。内訳を見ると、自殺した妊婦の4割がうつ病、もしくは統合失調症に罹患していたこと、さらに、産後のお母さんの6割が産後うつ病をはじめとする精神疾患を有していたことが明らかになり、それ以後、ようやく妊娠中から産後にかけてのメンタルヘルスの重要性が注目され始めたのです。

また別の研究では、妊娠中のお母さんが感じる不安は、生まれた子どもの行動や情緒の不安定さ（過活動、情緒や関係性の障害など）と密接に関連しているという報告もあります。つまり、妊娠中のメンタルが産後にもたらす影響は非常に大きいということです。妊娠中に母体がストレスにさらされることで、ストレスホルモンと呼ばれるコルチゾールの血中濃度が高くなり、この状態が長時間続くと生後の子どものメンタルに悪い影響を及ぼすと考えられています。

一方、妊娠中から産後にかけての心身の大きな変化に影響を及ぼすのが、2つの女性ホルモン、エストロゲンとプロゲステロンです。

エストロゲンには、赤ちゃんが育つ子宮の内膜の増殖、乳腺の発達など、いわば妊娠・出産をスムーズにする働きのほか、抗うつ作用があることも知られています。一方で、排卵後に分泌されるプロゲステロンは、妊娠の維持や乳腺の発達に関与し、母体の体温を上昇させます。また、プロゲステロンの代謝産物であるアロプレグナノロンは、鎮静作用を持つ神経伝達物質のGABAを増強させる作用があり、抗不安作用をもたらすといわれています。

さらに、妊娠5カ月以降には胎盤から大量のエストロゲン、プロゲステロンが作られるようになり、妊娠約16週以降にはエストロゲンが胎盤から大量に分泌されます。一方で、プロゲステロンは妊娠期間を通じて分泌が続き、妊娠末期には通常の約50倍の濃度になるといわれます。

ところが、産後にはどちらのホルモンも急激に減少し、産後5日目で通常とほぼ同じ値になります。こうしてエストロゲンとプロゲステロンの分泌が減ることで抗うつ作用・抗不安作用が失われ、マタニティブルーや産後うつ病などと考えられる症状が起きやすくなります。また、産後にはハッピーホルモンとして知られるセロトニンの前駆体であるトリプトファンの脳内利用効率が減少するため、落ち込みやすくなることも知られています。

マタニティブルーというのは、出産後の女性の50～80％に生じる一時的なメンタルダウンで、その多くは2週間前後で改善しますが、より重篤な産後うつ病の発症率は15％弱で、なかなか予後が悪い（治療・回復が難しい）のが特徴です。

その理由のひとつは、産後うつ病であると周りも本人も気づきにくいことにあります。実際に、産後抑うつ状態の女性が病院を受診する割合は4割程度、残り6割は受診しないというデータ、医療職に相談する割合は6割前後というデータもあり、本人も家族も気づかない、または可能性が高いと思っても受診する機会がないという現状が見えてきます。

さらに、母親が産後うつ病になると、配偶者も産後うつ病になる関連性が高いという報告もあります。もし親がうつになれば、次世代の子どもたちに虐待などの悪影響が及ぶ恐れもありますから、母親の産後うつに気づくことは、私たちの社会にとって非常に大事なテーマといえるのです。

もう1つ、お母さんのメンタルに影響を及ぼすのが、睡眠の問題です。これは卵が先か鶏が先かの問題で、赤ちゃんのお世話で眠れなくてうつ状態になるという考え方もできますし、ホルモンの変化でメンタルが安定しないために睡眠のトラブルが起こるとも考えられます。睡眠の状態が悪化すると、自殺といった最悪の結末に至ることもありますし、新生児や乳幼児に対しては発達障害や愛着障害などの影響が起こり得ます。同じく、パートナーとの関係性にも悪影響を及ぼす恐れがあるでしょう。

このように周産期の女性は、体の中でドラスティックな変化が起こっていて、心身共に大きく揺さぶられる時期にあります。さらに現代社会は、核家族化により周りの助けが得られにくく、自分の隣には思い通りにならない小さな子どもがいて、「誰も助けてくれない」と感じる方も少なくありません。

ですから、「小さな子どもを持つお母さんは誰でも産後のうつ状態が起こり得る」ことを皆さんにもぜひ知っていただき、適度な声掛けやサポートによって、お母さんたちを孤立させないような社会をつくっていければと願っています。

更年期について
エクオールのこと

更年期とは、閉経の前後5年の計10年間を指し、日本人の平均は45~55歳です。加齢とともに卵巣機能が低下すると、女性ホルモンのエストロゲンの分泌量が少なくなり、40歳以降には急激に減少します。最終的にエストロゲンの分泌がなくなると、排卵が起こらず生理が止まり、12カ月間生理が来ない状態をもって閉経と見なします。

更年期には、エストロゲンの減少に伴う発汗やほてり、頭痛、倦怠感などの更年期特有の不調、すなわち更年期症状が表れることがあり、症状が強く日常生活に支障をきたす状態を更年期障害と呼びます。症状への対処法としては、貼り薬やジェル、内服液などでエストロゲンとプロゲステロンを投与するホルモン補充療法、エストロゲンと似た働きをするエクオールのサプリメントを取る方法などがあります。

ここで、先日の講座でいただいた更年期についてのご質問にお答えします。

Question

ホルモン補充療法は、補充をやめたらまた症状が出るのでしょうか。徐々に量を減らして体を慣れさせていくのか、一定期間を過ぎたらやめるものなのか、教えてください。

ホルモン補充療法は、何歳までにやめるというガイドライン上の決まりはありませんので、何歳まで使ってもいいといえます。エストロゲンには女性らしい肌や髪の毛を作るほか、肌や骨を強く保つ働き、メンタルの安定を保つ働きなどがありますので、更年期の症状が全くない方でも、その先のエストロゲン欠乏によって起こる心身の変化への対策として使っている方もいます。

一方で、更年期の症状が強く出るのは閉経の前後2年程度、つまり3〜4年間とされていますから、症状を改善させる目的であれば減薬・中止も選択肢のひとつです。投薬を中止することで症状がぶり返すことが不安な場合は徐々に減薬してもいいでしょう。エストロゲンをシールで皮膚から補充する場合は、何段階か薬の含有量の違うシールが準備されていますので、徐々に減らすことも可能ですし、シールを貼り替える日数を長くして、徐々に減らしていく方法もあります。ガイドライン上は投薬を続けても、徐々に減薬しても、中止しても構いません。

更年期は、いわば卵巣からエストロゲンが分泌されなくなる状態に慣れていくための10年間で、いずれ私たちはエストロゲンのない状態で過ごしていきます。同時に、エストロゲンを失ったままにせず補充し続けるという選択肢もあり、その場合は乳がんと血栓症の2つのリスクを考え、必ず年1回のチェックを行う必要があります。

Question

「エクオールはエストロゲンと似た効果を体に及ぼす」とのことでしたが、エクオールを使用するときは、相方のプロゲステロンのことは考えなくてもいいのでしょうか。

エクオールというのは、豆腐や納豆、油揚げ、豆乳といった大豆製品に含まれる大豆イソフラボンが、腸内で代謝されて作られる成分で、エストロゲンと似た作用をするといわれています。ただ、**このエクオールはすべての人が作れるわけではなく、産性能があるのは日本人の成人女性で2人に1人**といわれており、作れない人はエクオールのサプリメントを取るという選択肢もあります。

さて、前述したホルモン補充療法では、エストロゲン単独投与においてリスクが上昇する子宮体がん（子宮内膜がん）発症のリスクを下げるために、プロゲステロンをセットにして補充するのが一般的です。ですから、1枚のシール薬の中にはエストロゲンとプロゲステロンが両方含まれていますし、エストロゲンをジェルやシールで皮膚から吸収させる場合は、プロゲステロンを別に飲み薬として足す必要があります。

一方、エクオールに関しては、あくまでも「エストロゲンに似た作用」であり、エストロゲンの作用とは別のものですから、プロゲステロンを足す必要はありません。自然由来・食物由来成分のため体へのリスクを心配する必要がなく、ホルモン補充療法とは異なり、乳がんの治療をした人も使える可能性があります。エクオールのサプリメントを選ぶ際には、科学的根拠が示されているものをおすすめしています。

Question

早速ソイチェックを購入しました。例えば37歳の今、エクオール産性能があるという結果が出ても、数年後の更年期になくなる可能性はありますか。

ソイチェックとは、その人がエクオールを産生する腸内細菌を持っているか持っていないかを調べる検査方法です。インターネットで注文し、キットにご自身の尿を詰めて送り返すと、1週間前後でウェブで結果が届きます。

検査結果に関しては、約25％の人で結果が変わることが報告されています。私自身は4年前に1回目、1年前に2回目の測定をしましたが、結果は共に「エクオール産性能なし」でした（エクオール産性能は、それまでの大豆の摂取量が大きな影響を及ぼすと考えられていて、私は昔から大豆製品が大好きだったので、作れないのは正直意外でしたが）。

更年期の症状がひどい人、ほとんどない人は何が違うの？

更年期について多くいただく質問のひとつが、「更年期の症状がひどい人とそうでない人にはどんな違いがあるのか」についてです。

更年期の症状が強くなる1つ目の要因は、キャラクターです。いわば〝超真面目〟で、1つの物事に一生懸命取り組もうとする人、視野が狭くて周りが見えなくなりやすい人、自己犠牲的で、誰かや何かの役に立ちたいと強く願っている人。また、子どもや親のため、不妊治療に対してなど、**1つのことに気持ちや時間をかけるタイプの人は、症状が強く出る、**つまり更年期障害を発症するリスクが高いといわれています。

2つ目の要因は、心がポキッと折れるような、人生の曲がり角に相当するような経験です。例えば、一生懸命育ててきた息子さんが結婚されて、ごはんを作る楽しみをなくして、心にぽっかりと穴が開いた状態。お姑《しゅうとめ》さんの介護を嫌々ながらも頑張ってきて、いざ亡くなったときの喪失感。また、パートナーとの性交渉の頻度が減った、女性として見られなくなったと感じるような経験。**こうしたトラウマティックな経験をされた方も症状が強く出やすくなります。**

3つ目、個人的に最も強い影響があると思うのは、**体質としてエクオールの産性能がどれくらいあるか**です。前項でお話しした通り、エクオールは、大豆製品に含まれる大豆イソフラボンが腸内で代謝されてできる生成物で、女性ホルモンのエストロゲンに似た作用があります。

このエクオールに代謝できる腸内細菌を持っている人は、日本の成人女性で2人に1人であり、産性能がある人は更年期の症状が出やすいタイプであっても、大豆製品を取ることで知らないうちに症状が表れにくくなっている可能性があるわけです。一方で産性能がない人は、大豆製品を十分に取っても、症状を強く感じる可能性がある。私自身はエクオールの産性能がないため、今後の更年期に対する対策としてエクオールをサプリメントで取り続けています。

また、前述した本人のキャラクターや心が折れる経験などの要因については、私たちの意思で一部は変えていけます。1つの物事に一生懸命になることは大事ですが、こだわりが強すぎると執着になりますから、バランス良く物事に取り組む意識を持つこと。さらに、心が折れるような経験をしても、なるべく前向きに受け止めるような捉え方をする意識を持つことが、症状の軽減に役立つでしょう。

最後にお伝えしたいのは、更年期はまだ人生の折り返し地点といえる時期であり、残りの40年間を良いものにできるかどうかは、更年期をいかにうまくやり過ごし、閉経後の年代に入っていけるかにかかっているということです。

生理が順調に来る年代においては生理痛やPMSで揺さぶられ、妊娠・出産などのライフイベントがある場合は喜びもある一方、心身に大きな影響を受けるのも確かなことであり、その後、いわば大嵐ともいえる更年期の後は〝凪〟とも感じられる時期がいずれやってきます。そんな頃にまあまあ健康な体と前向きな心を保てるかどうかは、私たちの人生の締めに向かって、いかに自分らしい時間を過ごせるかにかかっているともいえるわけです。

自分でできる対策をして、それでも更年期障害のつらさを感じる方は、婦人科を受診して他の病気の可能性を否定した上で、治療を始めていくといいでしょう。

産婦人科医の立場としては、更年期に対して漠然とした不安や恐怖を感じている方が多いと感じています。ですから、まずは正しい知識を知っていただくことで、皆さんの未来に対する不安を減らせるのであれば、こんなにうれしいことはありません。

みんなに知ってほしいビタミンDの働き

普段から、私がサプリメントで取っているものには2つあります。

1つ目は大塚製薬の「エクエル」。これは、前に述べた女性ホルモンに似た作用を持つエクオールが、代謝された状態で取れるサプリメントです。

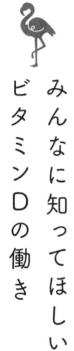

2つ目は、ビタミンDです。「骨を強く保つビタミン」として有名ですが、実は、昨今ではそれ以外にも驚くような働きが注目されています。食べ物では、鮭やウナギなどの魚類、干しシイタケやキクラゲ、マイタケなどに含まれますが、これらを毎日約100g（1日のビタミンDの摂取目安量4000IU相当）食べるのは現実的ではないため、サプリメントを活用しているのです。

ビタミンDの働きで注目されるのが、生活習慣病の予防効果です。例えば、ビタミンDの摂取により糖尿病やがんの発症率、死亡率が下がるという報告や、血圧を下げる効果は減塩よりも高いという報告があります。また、血中ビタミンDの値が低い人は心臓発作を起こす可能性が高くなる、体内でビタミンDを作れない人は脳卒中や心筋梗塞、心臓発作などのリスクが70%以上高くなる、インフルエンザの予防効果は予防接種よりも高い、という報告もあります。

また、アルツハイマー病の原因物質となるアミロイドβと呼ばれるたんぱく質を取り除く効果も知られていて、血中ビタミンDの値が高い群では、アルツハイマー病の発症率が低くなるという報告もあります。さらに、血中ビタミンDの値の低い人は統合失調症になるリスクが高く、ADHDの子どもは血中ビタミンDの濃度が低い傾向にあるなど、精神疾患・神経疾患との関連がいくつも報告されています。

もちろん、こうした世の中の研究論文は、すべてが正しいという見方はできません。通常、科学的な論文が報告されたら、その報告を覆すような内容を研究・発表する研究者が現れる、つまり多くの場合、相反する報告が存在します。多くの研究者が研究を重ねるなかで、エビデンスレベル（信頼性の高さ）を高めていき、より信頼度の高い報告が専門家や世の中で広く認識されていくと考えてください。

一方、食事で取る以外に、私たちが手軽にビタミンDを体内に準備する方法は、紫外線を浴びることです。時間は1日に20分弱、冬であれば30分弱程度で、注意したいのは、日焼け止めを塗ったり、ガラス越しやカーディガンを羽織ったりした状態で浴びても、ビタミンDは産生されないということです。

特に日本人は、傘や手袋、日焼け止めクリームなどで紫外線対策をする人が多いのですが、ビタミンDの効果を期待するなら、適度に日光を浴びる意識を持つことが大切で、私も普段から意識しています。日本はアメリカと比べて皮膚がん発生率が20分の1と低く、紫外線を浴びるリスクはそこまで高くないと考えられていますから、日本だからこそおすすめできる方法ともいえるでしょう。

ビタミンDはこれから先の私たちの人生にプラスとなる可能性が高いですから、ぜひ皆さんにも知っていただけたらと思います。

自分が経験した物事に「自分バイアス」はかかっていないか

最近、いくつかの講座で皆さんとお話をするなかで感じたのは、「自分が経験した物事に対して、みんなが同じような経験をするわけでない、と頭に置いておく必要がある」ということです。

例えば、生理痛について。今40代後半で、ご自身が若い頃に生理痛が重く、我慢したりお腹を温めたりして過ごしてきた人が、10代のお嬢さんから生理痛がつらいと相談されたとき、「そこまででもないから我慢しなさい、お腹温めたらどう?」とアドバイスするのは想像に難くありません。けれど当然ながら、相手は自分とは違う人、違う環境にあり、当時お母さんが感じていた生理痛のイメージに、今お嬢さんが感じている生理痛のつらさが含まれていない可能性もあるのです。

これは産後の体にもいえます。すでに子どもを産んだ方が、産後困っているお母さんにアドバイスする場合があると思いますが、実際に出産時の状況や産後の心身の変化、悩みというのは個人差が大きいものです。生まれた赤ちゃんの大きさ、お母さんの骨盤の形やサイズ、分娩方法は経膣分娩なのか、予定帝王切開か緊急帝王切開なのかでも全く違ってくるわけです。

これは、私がよく見ている女性アスリートのサポート現場でもあり得ることです。例えば生理痛が重いと相談をされた場合、割と勉強熱心な男性の指導者の方の場合は、痛み止めを使う、低用量ピルを選ぶ、練習量を調整するといった具体的な提案ができるのですが、女性の運動指導者の場合、「私も経験してきたから、あなたたちまだ頑張れるでしょう」というスタンスになってしまうケースは少なくありません。さらにスポーツの世界には、「女性アスリートは生理が止まって一人前」といわれる状況がまだ残っていて、指導者が自分の現役時代の感覚のまま指導を続けてしまうケースもある。けれど、これでは時代遅れといわれても仕方がありませんよね。

そう考えると、男性は生理痛を経験しないため、科学的な知識を得て、比較的正しい判断や提案、対策をできることが多いのですが、女性の場合は自分の経験というバイアスがかかるため、みんなも自分と同じだろうという想像力が働いてしまうといえるのです。

また、手術後の体の状態についても似たようなことがいえます。例えば乳がんの手術後、お医者さんから「2週間たったら運動してもいい」と言われても、人によってはまだ腕が上がらないようなケースもあるでしょう。なぜなら、2週間という指示は、科学的というよりも一般的な目安だからです。

このように、個体差や能力差が大きい物事は世の中にたくさんあって、万が一自分が同じような経験をしたことがあっても、目の前にいる人は自分とは違う経験をしている可能性があるのです。そんななかで、一概に「みんな自分と同じ経験をしているだろう」と判断することは、想像力が足りていないといわざるを得ませんし、特に指導する立場にいる人はより意識すべき考え方だといえるでしょう。

私たちの日常生活のなかでも、「自分バイアス」がかかってしまうケースはたくさんあります。そうならないために、日頃私たちができることは、**「相手の経験は、自分の経験とは違うかもしれない」という幅を持って受け取ること**です。これを常に頭に置いておくと、目の前の人の困っていることに思いをはせるきっかけになりますし、よりよい人間関係を築くことにつながる、そう私は考えています。

column

朝起きたらすぐ歯を磨きたい理由

私は2～3カ月に1度、かかりつけの歯医者さんにメンテナンス目的で通っています。治療の際に"キーン"という音とともに、歯が沁みるような感覚は当然好きではありません(笑)。けれど、終わった後の口内のスッキリ感は、結構好きなのです。

特に気を付けているのが歯周病で、歯と歯茎との境目にある歯周ポケットの深さが5ミリ以上あって、それが歯の全周囲に起こっている場合、炎症の総面積は手のひら1つ分にもなるといわれています。歯周病は、糖尿病や脳梗塞・心筋梗塞などの血栓症、アルツハイマー型認知症のリスクを高めることが分かっています。骨粗鬆症《こつそしょうしょう》や慢性関節リウマチとの関連性も報告されていますから、歯周病の予防は全身の健康のためにも非常に大事といえるのです。

私が日常生活で必ずしているのは、朝起きて一番に歯を磨くことです。朝一番に歯を磨きたい理由は、唾液の分泌量の変化にあります。唾液には消化機能を高めるほか抗菌作用がありますが、眠っている間は体内の消化機能が落ちるため、口腔内の消化酵素である唾液の分泌量も大幅に減り、口腔内の細菌が増えてしまうのです。つまり、起きてそのまま飲食すると細菌を飲み込んでしまいますから、朝に飲んだり食べたりする前に、歯や舌をさっと磨くのがいいでしょう。最近は専用の舌ブラシも市販されていますが、私は歯ブラシで優しくこすってお手入れしています。

唾液には他にも、自浄作用で歯を再石灰化したり、老化の原因となる活性酸素を減らしたりする働きがあります。唾液が分泌されるのは、耳の下の耳下腺、舌の付け根にある舌下腺、顎の奥のほうにある顎下腺の3つの分泌腺で、分泌を増やすにはこれらの周辺の筋肉を使う、舌を動かす、しっかり噛《か》む、上からマッサージをすることなどが効果的といわれています。特に、唾液の少ない朝食前に、普段動かす機会が少ない顔の筋肉を動かすほか、舌回しなどのエクササイズを行うことは、スムーズな消化・吸収にも役立つでしょう。

昨今では、歯の健康のために歯列矯正をする大人も増えています。実は、歯並びは見た目の問題だけでなく、歯周病をはじめとするさまざまなトラブルとの関連が知られています。歯並びや噛み合わせが悪いと噛む力が弱くなり、その状態が続くと顎や顔の筋肉のバランスが崩れやすくなる。さらに、口の動きが左右非対称になり、唾液の分泌にも影響を及ぼすといわれています。ですから、歯の健康を保つには、矯正も有効な選択肢のひとつといえるでしょう。

昨今では自治体ごとに歯科検診制度がありますから、皆さんのなかで「最近診てもらっていない」という人は一度、虫歯や歯周ポケットだけでもチェックなさることをおすすめします。

Chapter 5

人には聞けない性の悩みに答える

性欲がないけれど
子どもが欲しいなら

Letter

34歳女性です。性欲がないことについて質問です。これまで特に婦人科系の病気もなく、性行為のときにも痛みや問題は感じたことはありません。ネガティブな経験があったわけでもないです。結婚していて、子どもを授かることを真剣に考えなくてはならないタイミングなのですが、性欲が全くなく、行為をすること自体に嫌な気持ちがあります。夫に対しても罪悪感がありつつ、嫌気を拭うことができず、どうすれば健康的な性欲を持てるか悩んでいます。もともと性行為に対して淡白で、相手が今の夫だからというわけでもありません。体外受精などは費用と労力面を鑑み、検討していません。対策があればお伺いしたいです。

健康で若い女性が性欲減退障害（性欲がなくなる状態）を発症する可能性は、年齢が高くなった女性と同じ程度あるとされています。つまり、「若いから性欲がある」というわけではないということです。さらに、性欲は女性ホルモンの分泌量や分泌パターンなどの問題よりも、はるかに自分の気持ちやパートナーとの関係性と密接に関連していることも分かっています。この方は、今までの性交渉で嫌な経験があったわけではなく、パートナーの方に対して嫌という気持ちもなく、もともと自分は性行為に淡白だと認識されています。けれど、性交渉がすごく楽しければ、自ら性交渉を持ちたいと思うはずです。つまり、今までの人生で経験してきた性交渉が全然楽しくない、むしろ苦痛な時間だったために「嫌気が拭えない」のだと思うのです。

となると、対策方法は2つです。レターを読むと、パートナーの方は性交渉なしでも何も言わないような雰囲気が受け取れますので、1つ目の提案は一時しのぎにはなりますが、とにかく子どもをつくることを目的にタイミングを合わせて性交渉を持ち、妊娠成立後は性交渉なしで過ごしていくことです。

2つ目の提案は、根本的な解決方法なのでこちらをおすすめしたいと思うのですが、せっかくいいパートナーがいるのですから、お2人にとって何が楽しいのか、気持ちいいのかを2人で探求することです。当然、体が気持ちいいと心も開放されますので、悩みを埋める方法が見つかるかもしれません。

満足の行く性交渉のためには、自分の体を知ることがとても大切です。世の中には、自分の外陰部の状態を一度も見たことがないという女性も多いのですが、性交渉を何度か持っていて、さらに子づくりをしようとする方であれば、自分の外陰部をきちんと知ること、さらにパートナーの外陰部の反応や仕組みを知ることも大切な取り組みです。

実際に世の中には、アダルトビデオで見るような、例えば〝潮吹き〟のような科学的に解明されていないものが「現実だ」と思う男性も少なくなく、女性に対してそういった妄想をしながら性交渉を持つような、ゆがんだ現状があるようにも思います。けれど、アダルトビデオはあくまでもお芝居で、オーバーアクションの可能性もあるわけです。

お2人の性交渉において、何が楽しくて気持ちいいのか、また性交渉を持ちたいと思えるのかどうかは、お2人で探していく以外に方法はありません。すでに性交渉以外で良い関係性があるのであれば、体を触れ合って気持ちが良くなるという基本的なところからスタートして、性交渉を前向きに受け入れるためのステップを一歩ずつ積み重ねることが大事だと思います。

性交渉の悩みというものは、私たち医者に伝えるよりも、まずはパートナーとのコミュニケーションのなかで伝え合うことが大切です。特に、子どもを持つことに関しては人生の大切な決断ですから、きちんとお互いの思いを伝えて、私たちの性交渉はもっと良くなる可能性がある、そんな目で捉えていただきたいと思うのです。

セックスが痛くてつらい方へ

Letter

36歳独身女性です。生理不順と更年期障害に似たホットフラッシュなどの症状がきっかけで、6年前から低用量ピルを使用しています。恥ずかしくて、お医者さんに面と向かって聞けなかったことをお伺いします。20代の半ばから性行為に痛みが伴うようになりました。初めはパートナーとの相性の問題かと思いましたが、その後パートナーが代わっても痛みが続きました。20代前半では楽しめていたのですが、今では苦痛に感じ、相手に対しても罪悪感を覚えます。濡《ぬ》れはしていますが、挿入時に激痛を感じた瞬間、乾いていく感じがします。医療で改善できるものなのでしょうか。あるいは私の心の問題なのでしょうか。

性交時の痛みを感じやすい時期というのは、皆さんのイメージ通り、閉経前後から閉経後にかけてです。

女性ホルモンであるエストロゲンの分泌量がだんだんと減ることで、肌のコラーゲンの含有量を保つエストロゲンの働きが低下し、同じように膣の壁の弾力性も落ちていきます。つまり膣の伸びが悪い状態で挿入するため、皮膚と皮膚がこすれるような痛みを感じる人も少なくありません。

この状態は「萎縮性膣炎」と呼ばれる通り、早めに対策をしないと膣は萎縮し、細くなっていきます。対策としてはエストロゲンを足すことが主な選択肢で、膣の中に薬(膣錠)を入れる方法、エストリオールという飲み薬を使う方法、そのほかには膣の滑りを良くするような潤滑剤を使う方法もあります。ただ、この方はまだ生理がある年代で、なおかつピルを使用しているため、このケースは当てはまらないでしょう。

その他の理由としては、ピルを飲むことで性欲が落ちるケースが考えられます。一般的なピルには、1錠に女性ホルモンのエストロゲンとプロゲステロン(プロゲスチン製剤)の2種類が含まれているのですが、それぞれの含有量や組み合わせによっては、性欲に関わるテストステロンというホルモンの値を極端に低く抑えるタイプもあります。するとニキビなどに対しては改善効果が見込めますが、一方で性欲が落ちることも知られています。

ですから、性欲の低下が問題と考えられる場合には、ピルの種類を変えてみるのも選択肢のひとつなのですが、この方のレターを読むと、一番の原因は挿入時以降の痛みにあるようなので、やはり挿入までの濡れが足りないのが原因だと思うのです。

こういった場合の具体的な提案としては、挿入をしないでセックスを楽しむ機会を持つことです。もちろんパートナーに理解を求める必要がありますが、やはり痛みがあるとそれ以降は濡れる状態は止まりますし、痛みのためにその先の性交渉自体がつらくなるのは目に見えています。この方は「濡れはしている」とのことなので、例えばまずは指を入れてみて、それでもっと濡れるようなら本数を増やしてみて、十分に濡れてから挿入時に痛みが出るかを試してみる。こうして、段階を踏んで取り組んでみることが大事だと思います。

パートナーが代わっても状況は同じということですから、サイズの問題ではなさそうですし、実際にサイズが合わないというご相談の場合でも、女性の膣の準備が十分にできていないことが要因という場合も少なくないのです。

この方の場合は、おそらく医療の問題ではなく、物理的に痛みがあるのでメンタルの問題だけでもないのですが、恐怖心がベースにあるのは確かだと思います。そもそも心が解放されていないと、体は受け入れの準備ができませんし、痛みの経験を積み重ねるなかで「怖い」という気持ちが生まれると、悪循環が生まれてしまいます。ですから、まずは体と心の状態を望ましい状態に変えていくために段階を踏む必要があると思うのです。

実際に、外来で同じようなご相談をいただくことは多くあります。相手と性交渉を持ちたくて、何度もトライをしているけれど処女膜が破れない、挿入までに至らないというご相談もありますが、そういった場合にも、やはり段階を踏んでとお伝えしています。ですから、できるだけパートナーの方とコミュニケーションを取り、まずはご自身の納得が行くような状態にセックスの形を変えていくことをおすすめします。

セックスレスになってきている日本人

先日、久しぶりに婦人科検診に来た方の診察をしたときに、膣口が非常に狭くなっていて、小指も通らない程度にしか開いていないことに気づきました。

こういう方がまれかというと、特にそうではありません。例えば、1度も性交渉を持っていない若い女性や、閉経から時間がたった高齢の方も、膣の萎縮によって膣口が狭くなる場合があります。

ただ、この方は40代の前半で、経膣分娩をしてから2年たっているにもかかわらず、膣口が狭い状態に気づいていなかった。つまり、産後に性交渉がなかったことが分かるわけです。もちろん、生理の血液は膣口が少しでも開いていれば出ますし、婦人科の診察以外に困ることはありません。おそらく、分娩後の処置によって膣口が狭い状態がつくられてしまった上、その後の性交渉がないため気づくこともなかったのでしょう。

日本人の性交渉の頻度が減っていることは、皆さんもご存じかもしれません。ある調査では、20代男性で約40％弱、20代女性で約25％が、1度も性交渉を持ったことがないと回答しています。

一方、性交渉の目的については、男性の場合は多いものから「性的な快楽のため」「愛情の表現」「コミュニケーション」と続きますが、女性の場合は「愛情表現」「コミュニケーション」「相手に求められるから」、つまり相手の思いに応えるためという結果でした。

また、目的について「子どもが欲しいから」と答えた人は、30代女性で突出している一方で、男性ではどの世代も20％前後。このことからも、男女では性交渉の目的が大きく違うことが分かるわけです。一方で、「この1年間全く性交渉を持たなかった」という男性の割合は全体で40％強、女性では約50％、結婚しているカップルで「この1カ月間性交渉を持たなかった」割合は約52％という結果でした。

さて、私が多くの女性を診療するなかで、性交渉を避ける原因になりやすいと考えるのが、性交渉時の痛みです。先ほどのデータでは、女性の6割以上の人が「性交渉時に痛みを経験する」と回答し、さらに20代女性では約74％と多いことが分かっています。若い女性の痛みの原因は、膣の潤い不足というよりも、性交渉の経験不足や妊娠や性感染症への不安などが考えられます。

また、痛みに対してどう対処しているかという質問に対しては、「我慢して続ける」という回答が大半で、こうした状況であれば性交渉が減るのも仕方がないといえます。

一方、30～40代の産後の人も、性交渉を避ける傾向にあります。その主な理由は、分娩で外陰部が傷ついたことによる抵抗感と考えられますが、実は心理的な要因も大きいといわれています。ですから、もし2人目、3人目を望んでいるのであれば、きちんとパートナー同士で合意をして、性交渉を前向きに捉えていく必要があるでしょう。

さらに「性交渉を持ちたいか」という質問では、男性は約78％が「持ちたい」と答えたのに対して、女性は約41％にとどまっており、女性の性交渉への消極的な姿勢が見られました。これは、少子化という社会問題にも直結していますから、子どもを持ちたい年代のカップルであれば、お互いに性交渉を前向きに楽しむ努力をして、その先の妊娠成立・出産につなげていくのが望ましいでしょう。

性交渉に関して、コンプレックスを持つ人も多いようです。男性では「長く持たない」、女性では「オーガズムに達することができない」など、いろいろな理由があると思いますが、性交渉はコミュニケーションのひとつでもありますから、性交渉に関する話し合いをすることも大切な取り組みだといえます。

ちなみに、別の研究では、性交渉を持っている女性のほうが閉経の時期が遅いという報告もあり、卵巣機能は性交渉の頻度に影響を受けることも分かっています。ですから、エストロゲンが心身にもたらすメリットを考えると、性交渉は、卵巣機能を維持するために私たちにできる数少ない取り組みともいえるでしょう。

最後に、産婦人科医としてお伝えしたいのが、自分の体を知ることの大切さです。

外来では、自分の外陰部の状態や形を認識していない女性が少なくないと感じます。例えば、自分の膣の向きを知らなければタンポンもうまく入れられませんし、恥垢《ちこう》（あか）がたまっているなどケア不足の人もいて、こうした性に対する後ろ向きな姿勢が、ヘルスケアにマイナスの影響を及ぼしている可能性があると私は思うのです。

ですから、自分で触れるなどして状態や形を知ることはとても大切ですし、自分の体を知ることの延長線上に、満足の行く性交渉があるということをぜひ知っていただきたいと思います。

外陰部の形が気になる方へ

Letter

37歳独身です。小陰唇肥大についてお伺いしたいです。生殖器に近い部分なので、誰にも相談できずにいました。大陰唇からはみ出していて左右差があり、片側が特に肥大しています。時々かゆみを伴うことはありますが、ズボンをはいたときにすれて痛いということはありません。これまでの恋愛で彼氏から何か中傷されたわけではありませんが、恋愛に前向きになれない理由のひとつになっています。整形外科などでの切除は、なんとなく罪悪感があり、考えていません。

婦人科外来を担当していると、割と多くの女性が外陰部の形で悩んでいることに気づきます。けれど、皆さんに知っていただきたいのは、外陰部の造りはまさに百人百様で、個人差がとても大きいということです。例えば大陰唇や小陰唇の形、大きさ、左右差、色。それから膣の形も、子宮の向きによって膣の角度が違いますし、膣がお腹側に倒れている人、お尻側に倒れている人もいます。さらにいうならば、分娩で会陰切開が治った痕も個人差が大きいものです。

また、彼氏に外陰部の造りがおかしいと指摘されて来院される方もいますが、正直、彼氏よりも私たち婦人科医のほうがはるかに多くの女性のおまたを見ていますから（笑）、彼氏のちょっとした一言は心配しなくていいと考えてください。

さて、大陰唇は男性でいう陰嚢《いんのう》の部分で、左右は割と均等ですが、その内側にある小陰唇は、確かに左右差があって、大きさに関しても個人差が大きいもの。実際に外来では、小陰唇が大きいと相談を受けることはほぼなくて、片側の小陰唇が大きい、つまり左右差が気になるというご相談を多く受けますが、何が正常で何が異常かという確かな基準はありません。物理的な問題として挙げるならば、例えば、自転車のサドルで押しつけられて傷がつくとか、大陰唇と小陰唇の間に恥垢がたまりやすくて臭いの原因になるくらいでしょう。

実際に、婦人科や美容形成外科のホームページを見ると、不安をあおるように手術を勧めるものもあります。どんな人に小陰唇手術を勧めているかを見てみると、「小陰唇が大陰唇まではみ出している人」と書かれているのですが、実際のところそういった人は山ほどいます。また「介護を受ける人」とも書かれていて、実際に外陰部の毛が処理されていると介護しやすいと聞いたことはありますが、小陰唇が介護に関係あるかといわれると不明です。

ちなみに私が見たお値段は、片側15万円、両側25万円。おそらく内容は、局所麻酔をして電気メスで切り、吸収糸（抜糸の必要がない糸）で縫って終了、くらいかと思いますので、正直びっくりするようなお値段です。（笑）

結局、私の正直な意見としては、「小陰唇のことは気にしなくていいよ」という答えになります。私たちは自分の体のいろいろな特徴にコンプレックスを抱きがちですが、例えば、ホクロの位置や指の長さと同じように、小陰唇の大きさも個性と考えればいいだけですし、それが原因で恋愛に前向きになれないというのは、すごくもったいないと思います。

もし新しいパートナーに小陰唇について何か言われたとしても「これは個性よ。今まで何人のおまたを見てきたか知らないけど、いろんな人がいて当たり前じゃない？」という気持ちでいてほしいですし、理解してくれるパートナーと一緒に過ごすことが一番望ましいでしょう。

同時に、女性だけでなく男性の皆さんにも、女性それぞれが異なる特徴を持った外陰部を持っていることを知っていただきたいですし、その他に外陰部について心配な部分があれば、ぜひ一度婦人科に相談してみてください。

VIO脱毛はあり？

Letter

VIO脱毛について、先生のお考えを伺いたいです。調べてみると、生理のときにムレなくてよいとか、介護を受けることを考えて脱毛したという経験談を見かけます。ツルツルがスタンダードといった口ぶりです。そもそも下の毛は体を守るためにあると思っていましたが、現代ではなくてもいいものでしょうか？　Vラインをすっきりさせたいのですが、エステでの脱毛には抵抗があり、自分での処理はかゆみが出た経験があってやりたくありません。性交渉を考えるとケアすべきかと思いますし、下着にきちんと収まってほしい気持ちもあります。

外陰部の下の毛は、動物学的には体を守るために残っているとも考えられますが、外陰部を十分に守り切れるわけではありませんし、そう考えると外陰部を隠す役割なのかなと思います。今の社会において私たちは必ず洋服を着ますから、絶対に必要かといえばそうでない気もしますよね。

前項で、外陰部の形は個人差が大きいというお話をしましたが、実は外陰部の毛についても同様です。例えば毛の状態では、縮れている方もストレートの方もいますし、毛質の硬さや白髪の具合も違います。処理の状況についても、全部ツルツルの方、Vの部分だけを残してIとOの部分（お尻の周りと外陰部の脇の部分）を処理している方、全く処理をしていないだろうという方もいらっしゃいます。つまり下の毛も人と比べるものではなく、それぞれの個性と考えればいいのです。

医学的な面で見ると、確かに外陰部の脱毛後に表面上のトラブルが出るケースもあります。例えば毛嚢炎《もうのうえん》といって、皮膚の表面が細菌に感染して膿が出たり、熱や痛みが出たりすることがありますが、1週間程度で自壊（表面が破れて膿が外に出る）して治癒していきます。また、ご自身で剃《そ》る場合、皮膚の浅い部分に毛がたまって出られないような状態になることもありますが、いずれは良くなります。ですから、産婦人科医として、VIO脱毛をやめたほうがいいと言う理由は特にありません。

脱毛のサービスを提供する側からすれば、宣伝ですから「処理して当たり前」という表現になりがちですが、もし外陰部の毛があることで、尿やおりもの、経血がつく状態が嫌だったり、ムレが気になったりする場合、ビキニやTバックをはくときに気になる場合、性交渉を考えてある程度減らしたほうがいいと思える場合などは、脱毛を考えていただいてもいいでしょう。エステでの処理に抵抗があるならば医療機関でも受けられますし、VIOのうちVだけなど、一部だけを処理することも可能です。

ですから結論としては、「必要に応じて処理するのも選択肢のひとつ」とお答えさせていただきます。

男性経験がないことは恥ずかしいことなのか

Letter

30代女性です。ＰＭＳがひどいのですが、ピルは何歳まで飲めますか？　妊娠が難しくなってくる40代では、飲む必要はあるのでしょうか。避妊目的ではなく、周期の乱れやＰＭＳの程度を抑えたいなどの目的では、別の薬はあるのでしょうか。卵巣を休めるというような考えは、婦人科医療としてあるのでしょうか。ちなみに私は恥ずかしながら男性経験がなく、そんな立場を恥ずかしく思っています。

ピルは何歳まで飲めるか、という質問なのですが、それ以外の要素もたくさん含まれているレターだなと思いながら眺めておりました。

まず、ピルを飲む目的は大きく分けて2つあります。1つ目は避妊。2つ目は生理痛の緩和・月経困難症の治療という保険診療の2つの柱に加えて、経血の量を減らす、生理周期を整える、PMSの緩和、ニキビの緩和といった体に対するメリットです。

ですから、性交渉がほぼないのであれば、避妊目的で飲む必要はありませんし、例えばパートナーと別れたなど、必要がなくなったから中止する人も普通に見受けられます。

一方で、2つ目の理由、生理痛のつらさや子宮内膜症などの治療目的でピルを飲んでいる場合は、飲んでいるほうが楽ですから、40代に入っても続ける人もいます。

ピルのやめ時については、卵巣機能が終了したとき、すなわち閉経したときで、日本人の平均的な閉経年齢の50歳がひとつの目安になります。ただピルを飲んでいる間は、閉経したかどうかを自分で判断できませんので、休薬期間（偽薬の部分）の最終日にホルモンの血液検査を行うことで閉経を判断することができます。ですから、治療目的で使うのであれば閉経を目安に続けていただくといいでしょう。

ただ、ピルには血栓症のリスクがありますから、リスクの高い40代半ば以降の人の別の選択肢として、月経困難症の治療薬「ジエノゲスト（商品名：ディナゲスト、ジエノゲスト）」がありま す。ピルには女性ホルモンのエストロゲンとプロゲステロンが含まれているのに対し、ジエノゲストはプロゲステロンのみを含むプロゲスチン製剤で、飲み続けると卵巣機能が抑制されるために生理が来なくなります。

世の中には「生理が順調に来るのは良いこと」と考える方が多いため、この治療薬は少しハードルが高いイメージがありますが、ピル使用時の血栓症やむくみなどのリスクもほぼありませんし、慣れると「とても楽に過ごせる」という声も少なくありません。

以前はコストがかかるものでしたが、昨今では手軽なジェネリックも登場し、身近な選択肢になりました。最近では、月経困難症などの病気でない人でも、生理周期が安定しないことによる生理痛やＰＭＳの緩和といった副効用を得るために、ジエノゲストを選ぶ人もいます。

続いて、卵巣を休めるという考え方についてのご回答です。皆さんにとって排卵というのは、卵がポンと出るくらいのイメージだと思いますが、実は排卵は卵巣にとって、テニスボールを投げて障子が破れるくらいの衝撃があるといわれています。つまり排卵を起こすとき、卵巣は大ケガをしている状態といえますから、妊娠が必要ない時期にピルなどを使って排卵をお休みさせることは、卵巣が傷つくのを抑える効果があるといえます。実際に、ピルを使うことで卵巣がんの発症率が下がることはよく知られており、産婦人科医としては、卵巣を休めるメリットは少なくないと考えます。

最後に私が一番気になったのは、「恥ずかしながら男性経験がない」という部分です。

まずお伝えしたいのは、性交渉を持つか持たないかは、人生におけるただの選択肢だということです。さらに、Chapter1で述べたように、私たちはマジョリティーとマイノリティーの部分の組み合わせで出来上がっています。性交渉を持ったことがない人はマイノリティーかもしれませんが、それは私たちを構成する要素の一部として見ればいいだけのことです。

何度もいいますが、自分の人生は自分で決められます。今まで性交渉を持たなかったからといって、今後も絶対に持てないわけではありませんし、自分で持たないと思っていればそうなるでしょう。ですから、もし自分の人生を変えていきたいのであれば、変わった人生をぜひイメージしてみてください。その上で、今自分が困っていることを変える方法や対策に当たれば、きっと変わります。

もし本気で子どもが欲しいと思っているのであれば、昨今ではAIを活用した高性能なマッチングアプリもあったりしますから、今から計画をしてアクションを起こせば、全然遅くはありません。逆に、例えば性暴力を受けたことがあって男性経験が怖いという方だとしても、現代では性交渉がないご夫婦も普通にいらっしゃいますし、採卵によって子どもをつくるという可能性もゼロではありません。このように、今はいろいろな可能性のある時代だということもお伝えしたいのです。

最後に、自分や自分の人生を恥ずかしいと思う必要はこれっぽっちもありません。自分を卑下した状態からはいいことは生まれませんから、まずは自分のいい部分を自分で認め、ぜひ自分を大好きでいてください。

皆さんが自分の人生に誇りを持ち、胸を張って生きていけることを願っています。

産後5年セックスレスについてメンズからのご相談

Letter

妻との間に5歳の子どもがいる40代男性です。出産後、1度も性交渉がありません。これまでに何度も誘ったりしてはいるのですが、つれない返事しか返ってこず、とても傷つき、それなりに悩んでいます。ご相談するか迷ったのですが、この状態はどう理解すればいいのか、自分は何をしたらいいのか、何かアドバイスがあればよろしくお願いいたします。

まず、産後のセックスレスは、婦人科医から見て取り立てて珍しいわけではなく、想定し得る状態です。

パートナーの方も同年代と想定してお話をしますと、まず経腟分娩であれば、出産後はいわば外陰部が大ケガをしたような状態であり、さらに生理が再開するまでの間は、女性ホルモンのエストロゲンがない状態で過ごします。ですから物理的に見てもホルモンの面から見ても、女性がとても性交渉をしたい状態かと聞かれれば、答えはノーであるといえます。

実際に、産後の性交渉再開までの期間の調査として、アメリカでは平均6～8週間、およそ2カ月というデータがあります。また日本では平均10週間、およそ2カ月半ですが、実際に産後4カ月のカップルを見た場合、性交渉を再開できているのは半数で、残りの半数は性交渉が戻っていないというデータもあります。

エストロゲンは性交渉にも関わりが深く、膣の滑りや濡《ぬ》れ方にも影響を及ぼします。その分泌量の変化を見ると、妊娠中のエストロゲンがマックスの状態から、産後に胎盤を失うことでゼロに近い状態になり、さらに産後は生理が戻るまではエストロゲンがほぼない状態で過ごすことになります。

さらに、性交渉を持ちたいというモチベーション（性衝動）には、男性ホルモンのアンドロゲンやテストステロンが影響しています。このアンドロゲンやテストステロンは、コレステロールからエストロゲンが作られる過程において生成されるホルモンですから、エストロゲンの値が低ければ当然これらの値も低くなり、性衝動が起こりにくくなると考えられます。

ですから、生理が戻ってエストロゲンの分泌量が戻れば、性交渉が持ちやすい状況になるといえます。それでもセックスレスになる要因としては、お母さん側の体調不良、育児に対する不安、育児に対するパートナーの協力が足りていない状況などが挙げられるでしょう。子育てに忙しくて自分のための時間が取れず、夜にはぐったりという状態なのかもしれません。また外来でも、40代で出産後に何年も性交渉を持っていない方は普通にいるのですが、その方たちにとって性交渉は、子づくりのためのものだった、という可能性もあるでしょう。

さて、今回このようなご相談をいただくということは、この方は外で処理をするという考えをお持ちではないようですし、いい形で家庭を存続していくためのコミュニケーションツールとしての性交渉を望まれているように感じました。きっと体の関係がないことだけでなく、自分自身が拒絶されている、受け入れてもらえないと感じることが淋しいのではないでしょうか。

そう考えると、まず大切なのは性交渉以外のコミュニケーションを取ることです。例えば日常のなかで、手をつないだり腕を組んだりして歩く、危ないときに肩を触れて安全な側に誘導する、寝るときに一緒にゴロゴロしてみるといった、ハードルの低いところから試してみるといいと思います。女性側の気持ちとしては、性交渉ではなく体を触れ合うだけで十分、という可能性もあると思います。

また「今晩どう？」というような誘いだけはなくて、奥さんの体調の変化について話を聞いてみたり、奥さんが好きなケーキを買って帰ってみたりと、相手が喜ぶことをしてみるのはいかがでしょうか。また、積極的に子育てに関わって奥さんの自由時間をつくるなどして、子育ての大変さをお2人で共有するのも大事なことだと思います。

同じように、女性側も、ご自身の揺さぶられやすい体についてきちんと理解をすることが大切です。さらに、その理解をパートナーとの共通認識にしていくことが、お互いが楽に過ごし、より良いコミュニケーションを築くことにつながっていくのです。

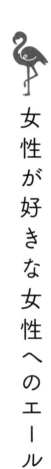

女性が好きな女性へのエール

Letter

40代の女性です。同性愛者ですが、周りに知られるのが怖くて、今も隠して生きています。何をやってもそこに思考が行き、報われない気がして、そのことを言い訳にいつも消極的に生きてきました。今もどう落とし込めばいいのか分かりませんが、最近は「このままではダメだ」と、今さらながら本気で思うようになりました。「なぜ自分は普通ではないのだろう」とそんな考えに固執し、前に進めなかった人生を少しでも前向きに生きていきたいです。よろしければアドバイスをお願いします。

ようやく最近になり、恋愛対象は異性だけではないという時代になってきましたよね。
実際に私の知り合いでも、男性同士で猫ちゃんと一緒に住んでいるカップルや、女性で男性と結婚して子どもがいるけれど、現在は女性のパートナーとご自身の子どもを育てている人、子どもが巣立った後に同性のパートナーと暮らしている友人、FtM（女性から男性へ性別移行を望む人）で手術をした人もいます。同時に、20代の若い世代でも性自認が解放的になり、SNSなどでその生きざまを発信することに価値が見いだされる時代になりました。

とはいえ、おそらくこれは東京など大都市での出来事で、地方での状況は異なるでしょう。20代から30代半ばになると「結婚しないのか」と聞かれ、同窓会に行けば子どもの話で盛り上がり、友達からの年賀状は子どもの写真というのが当たり前の社会ですから、レターをくださった方が、肩身の狭い思いで過ごされていることは簡単に想像できるわけです。

今後についてのお悩みとのことですが、まずは自分が女性が好きと自覚できているだけでも素晴らしいと思います。

私たちの世代が多感な20代の頃は、恋愛対象は異性というのが当たり前の社会でしたから、自分の本心に蓋をした方も少なくないでしょうし、さらに上の世代の同性愛者の方はもっと苦しい時代を過ごしたのではないかと想像します。そんな時代だったため、そこそこ好きな異性ととりあえず結婚をして家庭を築き、次第に秘めていた気持ちが薄らいで、今は幸せに暮らしている方も少なくないでしょう。一方で、どうしても違和感があり、今もなおひとりで悶々《もんもん》とされている方もいらっしゃることと思います。

そもそも、同性愛というのは社会にあっておかしくないですが、それが問題視されるのは異性愛が一般的とされているからです。ですから時代が変わりつつある今、私たちは〝普通〟という考え方に押さえつけられてきた時代に多感な時期を過ごした、と認識することが大切です。

その上でぜひおすすめしたいのは、女性が好きな気持ちを前向きに認め、〝これからの人生を一緒に過ごす良いパートナーを探す〟という視点で、周りの方とコミュニケーションを持つことです。もし今好きな人がいて、例えば相手の女性が結婚して良い形で家庭の中にいるなど、かなわぬ恋であれば諦める必要はあるでしょう。けれど、長い人生を生きていく過程において、誰かと一緒に暮らしていくということは、ひとりで過ごしていくよりも、人の心と体にとってははるかにハッピーであることが知られてます。たとえ性的なコミュニケーションがなくても、一緒にいてうれしいと思えるパートナーと一緒に過ごし、例えばハグをするだけでも人は幸せを感じられるものです。

もちろん、カミングアウトをすることがすべてではありませんから、まずは自分の気持ちを前向きに認めて、「この人と一緒に時間を過ごしているとうれしい、楽しい、テンションが上がる」といった、人との温かい付き合いを持つことが大事ではないでしょうか。

実はこの方は、レターを送ってくださった数時間後に、「取り消したい」というメッセージを再度送ってこられたのですが、今回はあえて（もちろん匿名ですので）ご紹介しました。つまり、マイノリティーという状態はこれほどに心が揺れることなのです。

これまでも何度も述べていますが、私たちはマジョリティーとマイノリティーのそれぞれの部分を持っていて、いろんなパーツの組み合わせで自分をつくり上げています。ですから、ただ性的嗜好の部分がマイノリティーというだけで、社会のなかで小さくなって過ごす必要は全くありません。

時代の変化をぜひ前向きに受け止めていただき、あと半分あるご自身の人生をどういうものにしていくのかについて、温かい気持ちで考えてみていただけたらと思います。

column

私のファッションのこだわり

「先生が選ぶラルフローレンの服に毎回ときめいています」「先生は好きなものをさっと選ぶタイプですか？　私は、これを着て似合っていないと思われないだろうかと不安になってしまいます」などのレターをいくつかいただきました。

私は高校生の頃からラルフローレンが好きなのですが、そのスタートは小学校・中学校の頃に親が買ってくれたラルフローレンの靴下だったと思います。洋服は高校時代から着始めたのですが、当時は高くて買えないので、古着屋さんでよく探していました。なかでも、ボタンダウンシャツはメンズのものが多かったので、そのなかで自分のサイズに合うものを見つけると、すごくうれしかった記憶があります。

私がファッションで「周りの目を気にするか」というと、気にしていたらこのスタイルでは過ごしていないと思いますから（笑）、自分の世界観に合うかどうかを一番大切にしています。

もう1つ重要なのが、サイズです。実はラルフローレンの9号は私の体にぴったりで、お直しをしなくてもほとんど問題なく着られるのも好きな理由です。シャツであれば腕の動かしやすさも大事で、裾をインして両腕を上げたときに肩ごと上がってしまわないタイプのもの。それから私はネクタイをよく締めるので、首回りは指が1～2本分入る隙間があるような、適度なフィット感のあるシャツが好きです。海外物は袖丈が割と長めなのですが、上着を合わせたときに6～7mm程度出るくらいのバランスで選ぶようにしています。

あとは、私は夏になると短パンばかりはいているのですが、長さは太ももより少し下の膝丈のもので、カラフルなものや柄物など、いろいろなバリエーションを持っています。

結構こだわりがあるように見えるかもしれませんが、買うときはほぼ迷いません。買うときのポイントは、全体の世界観を考えて、持っている服にマッチするかどうか。気に入ったものに出合える機会は1シーズンに数着くらいですから、買ったものはどんどん着るのが私のスタイルです。私のファッションは女性誌によく載るようなコーディネートではないことは確かで、その代わり流行にも左右されないので、気持ちがとても楽だったりします。

レターをくださった方のように、「似合ってる」と言われたい気持ちも分かりますが、私の場合は「どうどう？ これかわいくない？」と自分から言いに行くタイプなので、まともな大人は「いい」と言わざるを得ません（笑）。パートナーや一緒に働く仲間、職場で初めて会う人に、「今日これ初めて着たんだけど、どう？」といった感じで声掛けしてみるのも、前向きなコミュニケーションを持ち、良い1日をスタートするきっかけになるのかなと思っているのです。

Chapter 6

これからの家族とパートナーシップのあり方

結婚ってしなきゃいけない？

Letter

27歳独身です。結婚願望のなさについて相談させてください。現在お付き合いしている相手もなく、実家を出てひとり暮らしを楽しみながら、やりがいのある仕事に精を出しています。周りの友人が結婚を次々に報告するようになり、2つ上の姉も結婚・出産を経験し、周囲から「あなたはまだなの？」と言われるようになりました。しかし、たまに電話で話す友達や職場の先輩、SNSの既婚者の共通話題で、パートナーへの不満、愚痴がとても多いことが気になっています。なぜ、一生を添い遂げようと一緒になった人にそれほど不満が募ってしまうのか、それなら独身で自分をもっと大切にしてあげたほうがいいのではないかと、愚痴に付き合うたびに私の結婚願望は薄れていきます。先生はお子さんがいらっしゃらず、日々パートナーやお子さんについてのご相談を受けておられますが、どのような気持ちでお話を聞き、ご返答されているのか伺いたいです。

毎日毎日、皆さんからのご相談に対して、子どもがいないのに、さも知っているかのようにお答えしている私に（笑）、このような疑問を持たれるのは無理もないと思います。きっと私は、日々たくさんの女性からお話を伺うなかで、その人たちの経験と比べてこの方はどうなのか、何か生かせるものはないかという視点でお話ししているように思います。

さて、27歳というと社会のなかで職業を持って独立し、人として信頼されるような立ち位置になりますから、仕事が楽しいのもよく分かります。何も問題はありませんから、ぜひ今の時間を大事にしてほしいですし、周りがなんと言おうと全然気にしなくていいでしょう。

1つお伝えしたいのは、人生においてはいくつかのパートナーシップの状態があってもいいということです。つまり、**恋愛の延長のパートナーシップと、子育てのパートナーシップ、子どもが独立した後のパートナーシップ、という3つ**くらいに分けて考える必要があると私は考えています。

恋愛で結婚して2人で過ごす間のパートナーシップは、いわば恋愛の延長で、相手の好きなところだけが見えている状態です。一緒に暮らし始めると、相手がバスタオルを洗う頻度とか、歯磨き粉を使う量だとか、生活を共にして初めて気になることも出てくるでしょう。けれど、気を使う部分や恥じらいもありますし、相手は大人なので基本的には自分ひとりの状態をキープできればよく、相手が多少イライラしていても優しくできるものです。

一方で、親になるとお互いの関係性は変わります。多くの女性を見て思うのは、やはり子どもに手がかかるということ。子どもがある程度自分のことができるようになるまでには時間がかかりますし、第2子、第3子がいればさらに大変です。さらに、お母さん自身もメンタルのアップダウンがあるなかで、父親・母親の立場でお互いに相手に求めるものが変わるため、愚痴や不満が出てくるのだろうと想像します。

3つ目の子どもが独立した後のパートナーシップは、女性は更年期世代以降に当たります。本来はもう一度2人で向かい合っていくことが望ましいのですが、これまで子どもに主眼を置いていたために、2人だけの関係性に風が通るような淋しさを感じるという人が、今の日本には少なくありません。さらに、今は女性が職を持って自立できる時代になり、熟年離婚も増えています。個人的には老年期のパートナーを探すのもありな時代だと思いますし、これからは血縁の家族よりも、温かいコミュニティのようなものが重視されていくのかなと思っています。

「一生を添い遂げようと一緒になった人なのに」というのはおっしゃる通りです。けれど本当に仲が良くて、〝父と母〟でも恋人同士でもあって、「この2人はずっとこのまま行くんだろうな」というような、いわば「カップリングとして正解」に見えるご夫婦は、私がざっと見る限り10組に1組くらいでしょう。それ以外は、とりあえず若い年代で結婚して何か違うと思ったけれど、親として頑張って継続しているというご夫婦のほうが多いと感じますし、むしろそういった状況でお父さん・お母さんの役割を頑張っているというのは本当に素晴らしいことだと思います。

この方に1つだけ考えていただきたいのは、結婚は別として、子どもを持つ人生を望むかどうかということです。今の日本の仕組みにおいては、結婚してから妊娠するという流れが97%です。35～37歳以降になると妊娠成立率や、元気な赤ちゃんが生まれる可能性は下がっていきますから、子どもが欲しいならばそれなりのアクションを起こす必要があります。

正直、産婦人科医の立場としては、妊娠して結婚する形でも、妊娠して結婚しない形でも構いません。一緒に暮らし始めると性交渉の頻度が減りますから、なるべく性交渉の頻度が高いうちに狙うといったことも大切ですし、子どもを持つためには相手が必要ですから、子どもを持ちたいのならば相手を探すというアクションを起こしてみてもいいかもしれません。

いずれにせよ、子どもを持つのはタイムリミットがある出来事ですから、まずはこの1点を頭に置いておくといいでしょう。

ジェンダーギャップを変えていくために必要なこと

Letter

先日の新聞で、妻の出産前後に夫が育休を4週間取れるように法案が改正されたという記事を見ました。男女共同参画社会が叫ばれるなか、子育てに夫が積極的に関わることは当然の流れなのかもしれません。と思う一方で、産後の肉体的にも精神的にも不安定な時期に、家事や育児の素人で、言葉通りには動いてくれない、何かしら気遣いが必要な存在が家にいることは、本当に妻の助けになるのかと、自分の経験を思い出して考えてしまいます。さらに、コロナ禍で在宅勤務が増えたことによる離婚や、主婦のうつも増えている現状。男性側の考え方にもよりますが、家にいることが育児や家事の助けになるとは思えません。このことについてどう感じられ、どうあるのがベターと考えられるのか、お聞きしたいです。

とても現実的なご意見です。コロナ禍で夫婦が一緒にいる時間が増えたことで、けんかが増えた、家事や世話をする部分が増えたなど、女性側の負担になっているという状況はよく聞きますし、さらに、産後間もない赤ちゃんを育てている時期に男性が特段変わらない状況だったら、育休を取らずに仕事に行っていてくれたほうがいいという意見はよく分かります。

実際に、女性の育休取得率を見ると80〜85%で、育休期間は人によって違うものの、ほとんどの人が取っている状況です。一方、男性の育休取得率はここ数年で増えたものの、たったの5%です。男性の育休においては、産後のパートナーが体を休めたり、睡眠時間を取ったりできるような手助けをする、代わりに家事や育児を行うといった体力的なサポートなどが期待されています。

同時に、日本で子どもが減っているのは皆さんもご存じでしょう。1人の女性が、生涯に何人子どもを産むかを表す合計特殊出生率を見ると、2019年は1・36、20年は1・34と年々下がってきています。

一方で世界を見ると、アメリカやヨーロッパなどのOECD加盟国においては、合計特殊出生率を回復できている国がいくつもあります。さらに、女性の働く割合（労働力率）が上がっている国は、出生率も回復できているというデータもある。つまり女性が働けると出生率が上がるということですが、残念ながら日本において女性の労働力率はあまり上がっていません。

そこで出生率を回復できた国がどんな政策を打ち出したかを見てみると、男性の育休を制度化したことが分かっているのです。ですから今の日本の状況というのは、他国でうまくいった男性の育休制度を取り入れて、追っかけている最中だといえるわけです。

ですから、この方のおっしゃることは本当に理解できるのですが、中期的な目で見てみると、男性が一緒に育児に参加する状況ができると女性が働けるようになり、出生率は回復する可能性がある。こういった目標で政策が動いていると理解していただくとよいのかもしれません。

もう1つ、別の視点でのレターをご紹介します。

Letter

30代女性会社員です。今までの人生ではありがたいことに、男性が上で女性が下という扱いを受けずに過ごしてきましたが、結婚してからそのように感じることが増えました。例えば、家族として不動産や保険など比較的大きなものを購入するときに、営業担当者は夫にのみ名刺を渡し、夫のほうばかりを見て話をします。隣にいる私は相手にされていないと感じました。家庭のなかでも、例えば私の両親は夫に敬語で話しますが、夫の両親は私に敬語を使うことはありません。両家の両親の前で私は夫を○○さんと呼びますが、夫は私を呼び捨てにします。悪気がないことも分かります。時代は変わりつつある一方で、社会のなかで根強く残っている価値観だと感じます。先生は、このジェンダーギャップの問題についてどう思われますか？

私も以前、営業の人たちが男性だけを見て対応するシーンに出くわしたことがあります。ただ住宅を買うときは、一般的には女性の意見のほうが通るといわれていますから、私だったら営業マンとしてはある意味失格という見方をするだろうなと思います。(笑)

同じように、家庭のなかでの状況も想像できますが、まず何かを変えたいのであれば、身近なところから変えていくことがとても大事な取り組みだと思っています。例えばパートナーに対して、「両親の前で自分の名前を呼ぶときに敬称を付けて呼んでほしい」と言ってみるのもいいのではないでしょうか。

いずれにせよ、まだ社会は成熟していません。世代で分け切れるものではありませんが、おそらく60代の半ばや後半の方たちというのは、まだまだ古い考え方や固定観念にとらわれている世代だと思います。そして、私のいる40代の後半から50代にかけては、移り変わる世代の狭間で、なんとなく「変わらなきゃ」と思っているような世代。20~30代は新しい考え方で、その状態がネイティブな人たちだと思います。

世代がいずれ移り変わっていくことは確かですが、社会は急には変わらず、本当に少しずつしか変わっていきません。きっと若い世代の方たちは、古い考え方を早く変えてほしいと思うでしょう。けれど、私たちの中間管理職的な立場では、上の人たちを立てなくてはならないときもあり、上の人の気持ちが分かる部分もある。そうなると、上の意見を全く取り入れずにいきなり全部変えることは本当に難しい。だからこそ、世代の移り変わりとともに社会が変わることを、少しでも加速できたらと思うのです。

いずれにしても私は、物事はいずれあるべき姿に変わっていくと考えています。なぜかというと、世界の一員として変わらざるを得ないからです。ジェンダーギャップの問題だけでなく、医学的な視点では子宮頸がんワクチンも緊急避妊薬や低用量ピルへのアクセスの問題も、いろいろ変わらなくてはなりません。世界基準という言葉は聞こえがいいですが、日本が遅れている部分はたくさんあり、早い段階で変わっていくことが望ましいでしょう。

変わっていくためには、小さくても声を上げ続けることが必要です。だからこそ私はいろいろな形で発信を続けているのですが、やはり実際に一番自分でできることは、自分の身の回りから変えていくことだと思っているのです。

どんな子も〝いい部分を褒めて伸ばす〟に限る

Letter

小学校低学年の発達障害児の子どもを育てています。なんとか普通学級にいるのですが、例えば書き取りなどの宿題でうまく書けるとシールがもらえるところ、うちの子はうまく書けなくてシールがもらえず、達成や承認がうまくいかずに学校に行くのを毎日嫌がっています。発達の先生に聞くと、「提出したら○を付けるなどレベルを下げてもらいましょう」と言ってくれますが、担任の先生は「他の子の目もあり、特別扱いばかりをするのは難しい」とのこと。習い事にも行けない日が続き、理由は「今日は嫌だ」の一点張りです。さぼっているのか、できないのか、能力がないのか、症状なのか、何を基準にして見てあげればいいか分からず、悩む毎日です。みんな普通に塾や習い事まで行くなか、我が子は学校も習い事も大泣きで悲しくなります。何かご意見をいただけましたらうれしいです。

発達障害の人というのは、何か飛び抜けた能力を持っているケースも多いといわれていますが、昔から続く画一的な教育、さらに他人と比較する相対評価の仕組みにおいては、すごく良い評価は得られにくいと予想できます。

けれど、今は個性を評価する時代に変わってきていますから、シールをあげるなら、その子の変化を追いかけてほしいと正直思います。昨日よりも今日、よりできるようになったらシールをもらう。昨日よりもできなかったら今日はなし。このように、その子自身の昨日と比べて、さらに先週、先月、前学期、1年前と比べてどうだったのか。その子の成長を眺めて、本人が頑張れるようなモチベーションにつなげる、そのひとつの方法がシールだと思うのです。

他の子どもと比べるために、通信簿での相対評価やテストの点数での評価が必要ならば、それはそれでありです。けれどそれ以外の、例えば宿題のような日常的な頑張りを認める取り組みなら、周りの子どもと比べる必要はありません。シールの意味はモチベーションにつなげることであって、モチベーションを持てないようなシールの配り方なら意味がないと思うのです。

実際に学校教育に携わる先生方は、「現場ではそう簡単にはいかない」と思われるかもしれませんが、これからの教育は、それぞれが持っているいい部分を伸ばすに限ると私は考えています。担任の先生は「他の子どもの目もあるので難しい」とのことですが、この子に「昨日よりうまく書けたね」と言ってシールをあげればいいのです。

何よりも、きっと同級生の多くは、発達障害という言葉は知らなくても、この子がなかなかうまくできないこと、みんなができることができないことを見て知っていると思います。そんななかで、その子が頑張ったからシールをもらうのはおかしいことではないし、多分子どもたちのほうがそれを素直に受け取ると思うのです。また、この子にとって、シールをもらうことはとても大事なことだと思います。ですから一度親御さんから、「本人の変化を比べてほしい」と打診してみるのもいいのではないでしょうか。

学校教育の仕組みにうまく乗っていける子どもは、承認欲求が満たされてさらにやる気も出るでしょう。けれど流れに乗れない子がいるのも確かで、もしかしたら伸ばせる部分が他にあるかもしれないのに、「承認欲求が満たされないから頑張れない」という悪循環で、他の能力を潰してしまうのは本当にもったいないと思います。

ですから、まずは親御さんが、「子どもの成長のなかで頑張りを評価する」という取り組みをしていただきたいですし、家でも学校でもこの承認欲求が満たされたとき、その子がもっと輝くような強みやスキルに出合えるはずです。

学校教育は大切ですが、それだけがすべてではありません。学校教育の専門職の皆さんも親御さんも、その子の他の能力を引き出すような視点で、子どもたちそれぞれの輝く部分を伸ばしていただきたいと思うのです。

子どもを持つ人生も、持たない人生も

Letter

私は40歳、夫は43歳です。2人共、子どもを望んでいないつもりで過ごしていますが、果たして本当にそれでいいのか、自分たちはどうしたいのか決断できないまま時間だけが過ぎていき、妊娠が難しい年齢になりつつあります。周りの友人たちは子どもを授かり、いないのは私だけと悲観的になったり、私たちがセックスレスなので、妊娠した友人は行為があるのだと羨ましく思ったりすることもあります。なぜ、自分はあまり子どもが欲しいと感じないのか、どこかおかしいのかとも思いますが、焦りもあまり感じず、自分はどうしたいのかと悩むばかりです。夫はリスクの高い妊娠出産になるため、どうしても欲しいわけではないと言っております。

現代は、不妊治療をしっかり頑張れば、43歳くらいまでは妊娠成立・出産の確率は、低いもののゼロではない時代です。

とはいえ、本当にタイムリミットが迫っているお2人だといえますから、あと2年くらい本気を出して頑張れば――つまり生活自体を妊娠・出産に適した状態にシフトする、フルタイムで働いているのなら時間制限をして働くなど、日常生活におけるストレスを減らし、妊娠のために労力や時間、思いを使う時期にすれば、どうにかなる可能性はあります。つまり、本当に「子どもが欲しい」という願いを持てば、ある程度の取り組みができる時代に私たちは生きているのです。

その上で一番の問題は、おそらくセックスレスだと思います。もちろん、世の中にセックスレスのご夫婦はたくさんいますし、それ自体がすごく大きな問題ではありませんが、子どもが欲しいかどうかを悩んでいるカップルの場合、少なくとも自然妊娠はないわけです。

そう考えると、この方のモヤモヤする理由は、周りが子どもを産むなかで、自分たちが取り残されていると感じること。なおかつ自分たちには性交渉自体がないので、性交渉がありそうに思える友人にも羨ましさを感じながらも、本当に子どもが欲しいのかどうかの踏ん切りがつかない部分だと思うのです。

解決法としては、きちんとパートナーと向き合って話し合い、答えを出す以外に方法はありません。このままズルズルと時間が過ぎて、40代半ばになったときに「もう年齢的に遅いから仕方ない」と自分を納得させられるのか、逆に「頑張ればよかった」と後悔する可能性があるのか。まずは、ここをご自身のなかで考えてパートナーと共通認識を持たなければ、先の人生も良いものにはしていけないでしょう。なぜならパートナーが「リスクが高いからやめよう」と言ったことを理由にすると、その先もいろいろなことをパートナーのせいにする人生になる可能性が高いからです。**あくまで自分の選択は自分で決める。これが自分の人生の責任を取る方法なのです。**

今は、子どもを産まない選択も全然ありの時代です。ただしそれは、自分なりに責任を持って選択したものであることが望ましい。一生懸命トライをしてその上で妊娠成立できなかったのであれば、ある意味諦めがつくでしょう。

現実的に子どもがいないということは、小さな子どもがいることの楽しみや、困り事がないというだけでなく、そこから先の人生で自分を支えてくれる、困ったときに助けになってくれる、年代の若い可能性のある肉親がいないということでもあります。ですからこの先を考えたときに、誰かがこう言ったからとか、状況的に違ったからなど、自分の決断以外の何かを理由にするような選択では、本当に主体性のない人生になってしまいます。

私たち40代後半の世代のなかには、いずれは子どもができるかもしれないと思いながら一生懸命働いてきて、結局は願いがかなわなかった方も少なくありません。ですから私たちの思いとしては、次の世代に同じ思いはさせたくない、前車の轍《てつ》は踏ませたくないのです。つまり、妊娠・出産にはタイムリミットがあり、できるだけ人生を前倒しで設計するということ、さらに妊娠・出産についてや誰の子どもを持つかということに関しても、自分の意思で選択するものだと伝えたいのです。

けれど日本では、適齢期でなんとなく性交渉を持ち、妊娠したから子どもを産むという方が大半で、女性側が主体性を持って妊娠、避妊に取り組んでいるのかに関しては、まだまだ未成熟な社会だといわざるを得ない状況にあります。例えば、ヨーロッパでは避妊目的のピルの使用率は4割以上、中国ではピルの使用率は低いものの、避妊リングの使用率は40％ほどというデータもあります。一方、日本ではピルの使用率は5～6％、リングは1％前後。主な男性側の避妊方法であるコンドームは失敗率が低くありませんから、日本は女性が避妊を選択していない国ともいえるのです。

ですから、子どもを持つかどうか、自分がこれからどういう人生を歩んでいくのか、どんなパートナーが望ましいのかについては、決して誰かのせいにしてはいけない問題であり、正面切って自分自身の答えを出すこと、パートナーとも腹を割って話し合うことが必要です。その上で、子どもがいない人生を選んだのであれば、時に子どもを見て羨ましく思う機会はあるかもしれませんが、それ以上に今の自分の人生が良いものであれば、「これでいいじゃん」と思えるでしょう。

私にも、子どもがいたらいいなという気持ちはありました。でも実際は子どもがいない状態で、猫が3人いる家で過ごしていて、子どもがいたらできないような働き方ができている。そう考えると、今回の人生における私の働き方、人生の過ごし方というのはこういったものだったんだなと、納得できているわけです。

問題を避けていれば、当然このまま時間が過ぎていきます。それは時間が来たから諦めるという意味であって、自分の前向きな選択で子どもを持たない人生を歩むこととは意味が違ってきます。ですから、あくまで私たちの人生は自分で決めるということを意識して、お2人で答えを出していただきたいと思うのです。

父親のいない子どもは不幸なのか？

Letter

30代後半、離婚経験のある独身女性です。パートナーといえる独身男性はいますが、結婚の意思はお互いに全くありません。しかし私の「自分の遺伝子を残したい、人生で子どもを産んで育てたい、そして彼の優秀な遺伝子を私が残したい」という考えを彼は理解してくれて、「精子提供という形で協力するが認知はできない」という条件で妊活をしています。彼の考えや生き方に敬意を持っていますし、男性に頼らない生き方をしたいと、自分で生計を整えて経済的・精神的に安定しているなか、出産のリミットを目前に悩んだ結果、この状況になりました。既婚で子育てをしている妹に、選択的シングルマザーになるつもりだと話をしたところ、「子どもがかわいそう、自己中心的すぎる」と反対されました。純粋に好きな男性の子どもを産み、子育てをしたいという願いは間違っているのでしょうか。

まず、尊敬できる相手と出会えて理解を得られたことは非常に良いことですし、このような状況をつくることは本当に大変だったのだろうなと敬意を感じます。

そのなかで1つ問題になるのは、日本において未婚で子どもを育てていく、つまり婚外子という状態にどんなビハインド（不利な状態）があるのかということです。世界で見ると、婚外子というのは事実婚、つまり入籍せずに同棲している状態か、シングルマザー・シングルファーザーの状態における子どもになりますが、世界の婚外子の割合を見ると、日本は極端に割合が低いことが分かっています。

実際に、日本の出生全体に占める婚外子の割合は2・3％で、お隣の韓国でも1・9％と近い数字です。一方、自由の国フランスでは6割近く、女性の活躍が認められるデンマークでは54％で、7割を超える国もあります。このように婚外子のほうが多いということは、婚外子の状態でもうまく暮らしていける社会といえるわけで、それが日本ではつくれていない状況にあると理解できます。

世界の国々でこのような状況が生まれた背景には、実は少子化の問題がありました。つまり、少子化問題をどうにか反転していこうとする過程において、実はこの婚外子が増えてきたという歴史があるのです。少子化問題を解決するために、未婚のカップルがいい形で子育てできるような社会づくりへの取り組みがあったからこそ、現在に至るといえるわけです。実際に、1970年の時点では、先ほど述べた国での婚外子率は10％を切っていましたが、2016年のデータでは40％程度やそれ以上の国も少なくありません。つまり、日本は両親がそろっている状態が当たり前すぎるからこそ、今回のような悩みが生まれるともいえるのです。

日本における出生数が減少しているのは、皆さんもご存じだと思います。例えば、戦後の出生数は1年に270万人程度でしたが、2015年には100万5600人、20年には84万800人で、本当に驚異的なペースで減っていることが分かります。

世界から見た日本の問題は、結婚してから産むのが当たり前という考え方になっていることです。初婚年齢が上がると、1人目の出産年齢も上がり、産める子どもの数も限られてくる。さらに婚外子を育てるためには、出産・育児や子育ての社会的な支援を手厚くする必要がありますが、今の日本では残念ながらその状況がつくれていない、そこに目が向けられていないのが現状です。

また、ひとり親の場合は経済的に苦しくなるというデータもあります。すると当然、長時間労働で家を開けることが多くなり、子どもは淋しい思いをする。そうなると、心が不安定になる可能性も増えるでしょう。

一方で、実家で祖母や祖父と暮らせる場合は状況は変わってきますし、ひとり親であるという状況を子どもなりに受け止めて、周囲に心配をかけないようにという思いを持ちながら、非常に社会性の高い子どもに育っていくようなケースも知っています。

レターをくださったこの方は相当しっかりした決意をお持ちですし、自分が決めたことを最優先し、自分が望む人生を生きていくという観点においては、ひとりで育てていくこと自体は悪い選択ではないと私は思います。

とはいえ、本当に困ったときに気にかけてくれるような、実の妹さんからの理解が得られない状態は正直心細いですし、現実的に困ることもあるでしょう。そう考えると、今回お話しくださったような思いをきちんと伝えて、少しずつ理解をしてもらう努力も大切ですし、これからも関係性を続けていけるような相手であれば、強い決意をいつかは理解してくれると思うのです。

その上で、お父さんお母さんがそろっている子どもが幸せか？　と聞かれれば、私はそういい切れないと思います。

お母さんやお父さんがひとりで育てていようが、未婚でお父さんがたまに帰ってくる形であろうが、ゲイのカップルが育てていようが、当然子どもなりに思うところはあるでしょうが、どんな形であっても幸せな子どもはいます。

「幸せはいつも自分の心が決める」と相田みつをさんが言う通り、この状態だからあの子は不幸と決めることはできません。生まれてきた命は大切であることに違いなく、その子が育っていく過程において、愛してくれるお母さんが近くにいて、その周りに理解してくれる人がひとりでも多くいれば、決して不幸ではないでしょう。

最後に、生まれてきた子どもが幸せと感じるかどうかは、周りが決めることではありません。日本においては婚外子はまだまだマイノリティーですが、日本はいつまでも独自の少子化対策を講じるのではなく、私たち自身がいいタイミングのときに子どもを持つという選択ができる社会になっていくのが、一番の少子化対策になるでしょうし、私たち自身も幸せな状態でいられるのではないかと考えています。

50代の冷え切った夫婦関係とどう向き合うか

Letter

50歳を過ぎて、人生を逆算して考えるようになってきました。夫は単身赴任中です。夫婦仲は冷え切っていて、コロナ禍で昨年夏以来会っていません。大学生と中学生の子どもたちも手がかからなくなり、自分と向き合う時間が増えました。まだまだ長いこの先、私自身、自立したいとは思っても、年齢的に厳しい現実も実感しています。経済的に不安がなければ離婚したいのか、関係を修復したいと思っているのかもよく分からず、困っています。

今50〜60代くらいの女性というのは、いわば良妻賢母を求められてきた最後の世代といえるでしょう。多くの人がそういったステレオタイプの女性像を求められ、それに応えてきた人が多かっただろうと想像できるわけです。

この方は「夫婦仲は冷え切っている」ということですが、おそらくパートナーの男性はそんなことは全く考えていなくて、離婚を切り出されたらまさに〝青天の霹靂《へきれき》〟だと思うのです。なぜかといえば、大半の男性にはわずかなりとも、「俺が家族を養ってきた」という自負があるからです。もちろん女性が稼いでいる場合は状況が変わる可能性もありますが、やはり大黒柱は男性側というケースが多いのが実情ではないでしょうか。

そんななかで、50代前後の女性が子育てが一段落したときに、「本当にこの人と一緒に人生を過ごしていきたいのか」と考える機会を持つ可能性は高いといえるでしょう。そのうち離婚に踏み切れるのは、おそらく経済的に自立できている人です。例えば私の周りでは、看護師さんにそのパターンは多くて、子どもが独立するタイミングで潔く離婚して、そのときに初めて男性側は妻の不満に気づくことも少なくない。つまり、女性側が不満に思っていることを男性側は全く想像していない可能性が高いのです。

今回の方のように、物理的に会えない状況は確かに関係が冷え切る理由にはなりますが、それ以外のコミュニケーションが取れていれば、離れていても全く心配の必要がないカップルもいるでしょう。すぐ離婚しようと踏ん切れないのであれば、修復を考えてコミュニケーションを持つのも方法です。つまり、今の関係性を若干、不満に思っている、足りていないという気持ちを相手に伝えてみる。それに対して、男性側が何を考え、どんなアクションを起こすかを眺めてみるのもいいでしょう。逆に、経済的な理由で離婚されては困るということであれば、オブラートに包んで自分の思いや気持ちの変化を伝えてみるのもいいかもしれません。
もう1つ、50代の女性からのパートナーに関するレターを紹介します。

Letter

50代前半で持病があり、家事と、家でできる仕事を少しやっています。同年代の夫からきつく当たられ、つらい日が多いです。そのたびに、相手は精神年齢が子どもなんだ、今はストレスのせいで当たってくるのだと言い聞かせ、自分の心が傷つかないように受け流しています。怒った態度を取っていた時期もありましたが、家庭内が殺伐とした雰囲気になるのに疲れて、元に戻してしまいました。夫は仕事で鬱憤《うっぷん》がたまると私のできていない点を探し、大声で怒鳴ったり、ものを壊したりで発散しているようです。制御が利かず、私の髪の毛を引っ張ったときはすぐ謝ってきました。DVの新聞記事を見せて指摘しても、悪いのは自分だけではないと思っているようです。何度か行政の窓口にも相談しましたが、まずは一定期間離れてみるよう言われます。しかし、体調や経済面での心配があり、すべてを嫌いにはなれずに踏み切れません。

この方は相手の手が出るというケースで、これは普通に離婚の原因になり得ますよね。なおかつこの方は持病があるということなので、庇護《ひご》の対象であることは間違いないわけです。ただ、実際にDVを受ける人というのは、DVを受けて傷ついていてもまた相手の元に戻ってしまうという報告があります。また、書いてくださった通り「この人は全部が悪いわけではない」と考えるために、つらい時間が長引くということも指摘されています。そう考えると、手の出る頻度が高くなるようであれば隔離を考えてもいいでしょうし、離婚を考えるのも仕方がないでしょう。コロナ禍によるストレスが原因とも書かれていますが、これはおそらく日本中、世界中、大差はありません。ストレスの受け取り方には個人差があり、職種でも程度が違うとは思いますが、コントロールできていない状態は本人に問題があるといえるでしょう。

おそらく、社会のなかを探せば大小のDVはたくさんあり、言い出せずにいる人も少なくないでしょう。そんななかで、「相手は子どもだから」と思うことで許せるのであれば、結婚生活を納得できる状態に変えて続けていくのも手ですが、やはり力が強い男性側が手を上げることはあってはいけないことです。

ですから、DVがあるたびに行政に相談するべきですし、本当にひどいケガをする場合には、医療機関で公的な記録に残す方法もあります。これらも考慮した上で、お2人でこれからの関係について話し合うことが大事です。同時に、自分自身が納得できる生活を過ごすためには、やはりある程度自立できる状態を準備しておくことも必要といえるでしょう。

「親」とのこれからを考える

今回は、親御さんとの関係について3つのご質問にお答えします。

Letter

30代前半、独身女性です。自律神経失調症を患っており、現在無職です。70代の母との関係について悩んでいます。私と母はとても仲が良く、友達のような関係です。しかし何をするにも母と一緒で、ひとりで行動できません。買い物や映画も必ず一緒で、家事も全部母がやってくれています。昔はひとり行動が好きだったのに、7年前に父を亡くしてからは、精神的にも経済的にも母に依存しています。どうすれば自立することができるでしょうか。母が亡くなった後の自分の人生を考えて、焦っています。

お母さんは現時点でお元気とのことですが、当然10年くらい先にはずいぶん状況が変わってくると思いますから、やはり今からできることを準備しておかないと、ある日突然独りぼっちになってしまいます。お母さんに甘えているという状況に自分で気づいておられるのであれば、きっとお母さんがいなくなったら自分ひとりでもいろいろとできる方だと思うのです。

レターを読むと、〝病は気から〟に近いような状態が考えられますので、やはり踏ん切りをつけて、何かを思い切って始めることが必要だと思います。例えば、新しい趣味や学びなど、ひとりで、または社会に出て誰かと一緒に取り組んでみる。もちろんその先には、仕事につながって安定した収入を得ることで、経済的にも独立できる状態になることが望ましいでしょう。身近な生活のなかでも、例えば食器洗いだけは自分がやるとか、できることを箇条書きにして行動に移し、「自分がしている」という実感が持てる取り組みをされるといいでしょう。

実は、この親子の関係性について、逆の立場からの相談もたくさんいただいています。つまり、親が子どもの面倒を見すぎて、周りから自由になりなさいと言われる状況。これはいわば共依存の状態で、お互いの関係性が社会との断絶を生み、さらにお互いにとってよくない環境をつくっていると考えたほうがいい。

人はひとりで生まれてきて、ひとりで死んでいきます。生きている間にどれだけ人に依存するかはそれぞれですが、そもそもは自分の足で立つことができるように、自分の健康は自分で守り、自分の経済的な環境は自分で整えられることが望ましいのです。

Letter

40代半ばの主婦です。両親は70代前半で遠方に住んでおり、コロナ禍で1年以上会っていません。最近、親の物忘れが多いと感じるようになり不安です。例えば料理の具材を入れ忘れた、ものの名前がなかなか出てこないなど。不安症で悪い方向に考える傾向にある私は、常にこのことが頭から離れません。これから親の変化など多々あると思うのに、いちいち動揺してしまい、つらいです。

親御さんのことが本当に気になるのであれば、遠方であろうと実家に帰るのが一番だと思います。子育てや妻としての仕事もあると思いますが、それを一切合切手放して、親御さんの元に帰って一緒の時間を過ごすという選択肢もあるわけです。そうできないのであれば、この心配事については日常生活の24時間のなかで、考えることをやめておく、ということをせざるを得ないのではないでしょうか。

私たちには、自分自身ができないからこそ心配になることがたくさんあります。けれど、自分にはできないと決めた、つまりその選択をしなかった時点で、それ自体を諦めて手放しているわけです。そう考えると、自分がその選択をしなかった責任は自分で取る、と考えなければなりません。

ご自身でご両親の元に帰ることはできないと決めたなら、その選択をした責任は自分で取る。もちろん心配ですが、仕方がない部分もあると思いながらお過ごしになるのがいいのではないでしょうか。なお、ものの名前がなかなか出てこないというのは、認知症というよりも一般的な加齢現象と考えられますから、認知症に関してはまだそこまで心配する必要はないかと思います。

Letter

私にはおそらく先生のご両親と同年代の両親がいて、夫の両親ともども、ありがたいことに健在でいてくれています。仕事では高齢の方と接する機会が多く、そのたびに両親に感謝するとともに、これから自分ができる親孝行ってなんだろうと考えます。「親に何かがあったときに最期をどうしたいのか、家のことをどうしてほしいかなど、気になることは親子共に元気なうちに確認しておくことが大事」と耳にしましたが、悲しくなってしまうのを理由に、両親に聞き出せていません。先生はご両親の今後について、お話をしたり聞いたりしたことはありますか？

私の実家は、特に父が割としっかり者で、1年ほど前に父母の財産の詳細、銀行口座や不動産の管理会社などの一覧表を、きちんとした文書にしてメールで送ってきました。また、万が一のときの連絡先として、父母の実家の関係者、つまりきょうだいやその子どもなどの連絡先一覧も来ています。万が一、交通事故などで偶然両親が一緒に亡くなった場合には、これらを聞くことは無理ですから、この一覧を頼りに関係者に連絡するのだろうと思っています。また、お葬式については希望を聞いていないので、その時々に応じたことをすればいいかなと考えています。

昨今ではエンディングノートという言葉もよく聞かれますが、いずれにせよ今後について話し合っておくことは大事で、本当は子どもの側よりも親御さんの側から持ちかけてくださるといいなとは思います。ありがたいことにうちでは父がまとめてくれましたが、やはり父母にもそんな気持ちになるタイミングがあったんだろうなと思っています。

ですから、よろしければ一度ご家族が集まったタイミングで、「この家以外に持ってるものはある?」といった質問から、財産や連絡先などを少しずつ聞き出して、子ども側でまとめていくのもいいのではないでしょうか。

今回は親子関係についての質問にお答えしてきましたが、いずれにしても親子が年齢を重ねるなかで、お互いを心配しながらもいい形で関係性を積み重ねていけることは、本当に幸せなことです。世の中には両親が離婚した人、生みの親と離れた人もいるとは思いますが、人生における大切な方々に対して、より感謝の気持ちを持って接していきたいものです。

私たちは、だんだん体力や認知機能が落ちてきたりした年長の方を軽んじて扱うことがあり、例えば高齢の患者さんに対して、看護師さんがタメ口で接するようなこともまれに聞き及びますが、それはあってはならないことで、年長者というだけで私は尊敬したい対象だと考えています。もちろん自分が高齢になったときには、私のそれまでの行動や人生を踏まえて「尊敬したいな」と、思ってもらえる人になれるような「今」を過ごしていきたいと思っています。

年齢を重ねた皆さんとの関係性、親子という濃い関係性のなかでの接し方について、ぜひ一度考えていただく機会になれば幸いです。

ダウン症候群と出生前の診断について

Letter

先日、大切な友人からうれしい妊娠の報告があったのですが、検査の結果、赤ちゃんはダウン症のようです。彼女はメールで気丈な様子を伝えてくれますが、私は知識もなく、ただただ不安でそのことが頭から離れない毎日です。そのような妊婦さんを取り巻く今の状況など、ご経験から何か少しでもお話しいただけるとありがたく思います。

ダウン症（ダウン症候群）を含む先天異常は、妊娠にはどうしてもついて回るものです。

ダウン症は代表的な染色体異常で、母親の年齢が高くなると発症率が高くなるとされています。例えばお母さんの年齢が20〜30代の場合の発症リスクは、1000件に1件程度であるのに対し、35歳では400件に1件、40歳では100件に1件になり、その後年齢が上がっていくにつれて対数曲線状にリスクが高くなります。日本での発症率は700人に1人くらいで、患者数は8万人程度。お母さんの初産、経産に関係なく、女性が持って生まれてくる原始卵胞（卵子のもと）の老化により発症しやすくなると考えられています。

ダウン症の診断方法には、羊水検査と絨毛《じゅうもう》検査があり、大きくなったお腹に針を刺して、羊水または絨毛を取って確定診断の材料にします。一方、最近では新型出生前診断（NIPT）と呼ばれる血液での遺伝子検査や、基本のエコー検査と母体血清マーカー（クアトロテスト）という血液検査とを組み合わせる方法などがあり、それぞれ精度の高さも異なりますが、これらはあくまでも確定診断ではなく、リスクの高さを知る検査になります。

エコー検査においては、ある程度の週数で赤ちゃんの首の後ろに浮腫《ふしゅ》があり、特に黒く透けて見える場合、ダウン症候群の疑いで他の検査を追加します。ダウン症の胎児は手足の長さや頭の大きさ、顔にも特徴がありますので、大腿の長さや頭の骨の横幅を測定したり、顔の特徴を確認したりします。また、心臓の奇形も多いため、心臓の病気を確認することで、ある程度の可能性は指摘できます。

ダウン症は寿命が非常に短いことが知られていますが、現代では合併症などの治療効果が上がり、平均寿命は50歳程度まで延びています。一方で、幼少時には心臓、聴覚、視覚の問題が出たり、学校に入る年代になると、運動能力や知能指数、社会性の発達に差が生まれたり、成人になってからもさまざまな不調が起こったりする可能性があります。

一方で、「ダウン症の子どもは天使」といわれることがあって、家庭のなかで癒やしのような形で存在しているというケースも聞きます。また、書道などアーティスティックな能力が高いといった、一般とは違う部分が秀でている人もいて、そういった能力を伸ばすことができれば、その人の人生は大きく輝くのではないかと思うのです。

ダウン症であると分かったときの選択もさまざまです。実際に、高齢妊娠で初産の場合にはクアトロテストを希望される方も多いのですが、リスクが高いと分かった場合は、「羊水検査までしてダウン症だと分かったら妊娠は諦める」とはっきり決めているカップル、逆に方針を決めておらず、羊水検査をするのか妊娠を継続するのかをとても迷うカップルも見てきました。

妊娠中に分かる場合、産んでから初めて分かる場合もあり、いずれもご家族のなかでの悩ましい問題になりますが、時間が少しずつ経過していくなかで、ご家族の受け入れができていくようなケースも多数知っています。


そのなかで感じるのは、世の中にはダウン症だけでなく、それぞれの家庭のなかだけでしか語れない悩みがあるということです。例えば、お兄さんが引きこもりで働いていないから結婚しないと決めている友人、精神的な病気を患っているごきょうだいがいるから、自分はずっとひとりでいると決めている同僚もいました。

もちろん本人の選択を尊重したいと思いますが、本来ならばご家族がダウン症や引きこもり、精神疾患であろうと、本人とご家族の人生は別のもの。サポートを必要としている人を支える社会でなくてはならないと考えています。日本のなかでは古くから「村八分」という言葉がある通り、一般とは違う状態に対する疎外があったことは歴史的にもよく知られていますから、今後変わっていくべき大事な課題といえるでしょう。

同時に考えるのは、**私たち自身が、今回の人生でどんなことを学ぶために生きているのか**ということです。

人生で起こる出来事は、自分が望んだものでないこともあるでしょう。けれどその状況は、人生の学びとして自分で選んできたものとも捉えられるのです。ですから、ダウン症の子どもを育てていくと決めたお友達に対しては、その人が人生でその学びを選択されたという理解をなさるとよいのではないでしょうか。もちろんご本人には葛藤があると思いますし、これから具体的な困り事が起こる可能性がありますから、その際はぜひ支えて差し上げてくださいね。

家庭のなかだけでどうにか済ませていきたいと思うようなさまざまな状況で困っておられる方には、「社会のなかにはぜひサポートをしたいと考える人もいる」ということをお伝えできればと思います。

家族のかたちと「孤独」について

私には、小さい頃から日曜日は家族で過ごす日というイメージがあります。きっと両親が家族で過ごす習慣を持っていたからだと思いますが、その後ひとり暮らしを始めると、なんでもない曜日になり、今では普通に仕事をする曜日へと変わってきています。

私が小さい頃を過ごした40年以上前と、今の社会との違いを比べてみると、まずお父さんとお母さんがそろっていない家がたくさんあることに気づきます。

今の私自身は一番小さな単位の家族で、子どもは猫という状況が長く続いていますし、私の知り合いには、シングルマザーやシングルファーザー、単身赴任の人、核家族で子どもたちが独立した夫婦、結婚しているけれど卒婚のようなかたちで別居している夫婦もいます。一方で、籍を入れていなくても一緒に過ごしているカップルや、ゲイのカップルで子どものいる人・いない人、子どもを産んでから別の女性のパートナーと暮らす女性も知っています。性自認（自分の性別の認識）というものは20代前半の若い頃には正直難しかったりしますから、こうして年齢を重ねてから気づくケースもあるわけです。

そんななかで私が強く感じるのは、家族というものは本当にいろいろなかたちがあるということです。これからの社会は、血のつながりがあってもなくても家族でいられると思いますし、誰かと一緒に暮らしていきたいと考えたときに、それが社会の決まりや普通と違うからといって、かなわないのは残念なことだと思います。

なぜかというと、これから先、年齢が高くなれば、誰かのお世話なしでは生きられない状態が多くの人に訪れるからです。もちろん、ピンピンコロリで誰のお世話にもならず、社会の支えだけで過ごせるのが望ましいでしょう。けれど、現代社会で大きな問題となっているのが「孤独」という状態なのです。

例えば無人島にひとりでいて、誰とも話すことができない、頼ることができない状態も孤独といえますが、今の社会では、人がたくさんいるのに孤独という状態が起きている。私はこの状態は、無人島にいる孤独よりも、心に深い傷を負わせるのではないかと思っているのです。

実際に、孤独と健康に関する多くの研究が知られていますが、有名なものでは、孤独な状態が続くと早死にするというデータがあります。つまり、孤独は気づかないうちに少しずつ心身をむしばんでいくことも、ぜひ知っていただきたいのです。

いっそのこと無人島で過ごせばよいというわけではありませんし、やはり安心して一緒に過ごせる人がいるのは本当にいいことです。

それは男女の関係でなくてもいいし、恋愛感情があってもなくてもいいでしょう。例えばシェアハウスでもよくて、年齢の高い人たちが一つ屋根の下で、お互いが自分の得意分野を提供し合いながらコミュニケーションを持ち、さらにそれが安心して共に過ごせる人たちであれば、孤独からも解放されるでしょう。

さらに、この孤独という状態を意図して解除するのは難しく、気が付いたときには遅いこともあります。

若い年代では、学校や趣味などいろいろなルートから友達ができて、その関係性を大事にすると当然長い付き合いになり、安心して共に過ごせる存在になります。けれど、例えばどちらかが面倒に思ったり、距離感を間違えてしまったりすると、関係性が終わることもありますし、何十年もたってから元に戻るのは簡単ではありません。

そう考えると、友達をつくるのが難しくなる年代の人はなおさら、今ある大切な関係性を大事にするといいでしょう。本当に親友と呼べるような人は、人生においてわずかですから、私も今の自分につながっていてくれる人、損得感情なく一緒にいられる人との付き合いを大事にしたいと思っています。

皆さんにも一度、今の社会における家族のかたちはいろいろな可能性があると考えていただきたいですし、もし自分が孤独だと感じている人は、これまでとは違う方法でその状態を解除する可能性を探るのもいいでしょう。

また、幸せなかたちでユニットが出来上がっている人は、お互いを大切にしながら、孤独を感じている可能性がある周りの方に、何かしらの方法でお裾分けをしてもいい。そういった取り組みですら、大きな意味でのこれからの家族のかたちではないかと考えています。

これからを柔軟に生きるための考え方

今回は、私がイメージする「これからを生きるために大切な考え方」についてお話ししたい思います。

私が考える理想的な社会というのは、やはり「人に優しい社会」で、人に優しくいられるためには、**普段から「私たちはどんな状態であれば人に優しくできるのか」という考え方を持つ**ことが大事だと思っています。

そう考えると、まずは自分に余裕がないと人に優しくできませんよね。どんな余裕かというと、体力的な余裕、時間的な余裕、経済的な余裕、気持ちの面での余裕、の4つです。

例えば、昨夜寝不足だったから今日は体力的に落ちているなとか、パートナーと口げんかになったから、ここをリカバリーしないと気持ちに余裕ができないよなとか、今の自分にはどんな余裕があってどんな余裕がないのかを、1つ1つ客観的に見る機会を持つことが大切だと思います。

私自身も、余裕がある状態で日常を過ごせたら最高だと思っていて、なんらかの余裕がないときでも、前述の4つの余裕がすべてなくなってしまうことはまずないので、余裕がない部分を自分なりに把握してリカバリーするようにしています。

もう1つは、**誰かと一緒に過ごすことについて、私たちの社会ではいろんなかたちがあってもいい**という考え方です。

これまで述べてきたように、昨今ではパートナーシップは必ずしも男女でなくてもよいという社会になってきました。一生独身の人の割合や熟年離婚も増えるなかで、ずっとひとりで過ごしていく選択肢もありですが、また次の新しいパートナーシップを探してもいいし、一般的なパートナーシップである必要もないのです。

私たちは誰かと一緒に過ごすことで、誰かに大切にしてもらえる、誰かを大切にするという経験をすると同時に、安心感や幸せな気持ちも経験します。この状態はいわば優しさであって、間違いなく私たちの健康や幸せにつながっていくでしょう。

さらに、社会全体が幸せであるためには、まずひとりひとりの構成員である私たち自身が幸せであることが必要です。自分が幸せな状態をつくるためは、できるだけ固定観念にとらわれず、これからの人生を幸せに過ごしていくために何ができるか、を考えることが大切です。

人は年齢が高くなればなるほど同じ思考回路をたどり、考え方の柔軟性も失っていきます。気が付いたら時間が流れていて老化していくような、受動的な年齢の重ね方ではなく、これから起こり得ることをあらかじめ想像して行動する意識が大切です。

気持ちの余裕を持つためには、周りとの関係性を良好に保っておくのが一番楽でしょう。例えば、言わなくてもいいかもしれない一言を、言えば自分はすっきりするかもしれませんが、相手を傷つけたり関係性を悪くしたりする可能性があると考えたら、その一言をのみ込む選択もできる。こうして具体的に1つずつ捉えてみると、私たちの日常のなかには、自分をいかに幸せな状態にしておくかという選択肢がいくつも転がっているといえるでしょう。

これからの時代は新しいものの見方や考え方が受け入れられる社会になっていきます。皆さんも頭をぜひ柔らかくして、柔軟性のある考え方を持っていただけたらうれしいなと思います。

Chapter

7

人生とキャリアの歩み方

幸せに生きるために手放したらいいもの

Letter

40代の独身です。30代で付き合っていた彼と別れて以来、特に出会いもなく、仕事上でもなかなか認めてもらえず、同期の男性は管理職なのに、私は思うように仕事ができているとは思えません。この先、地元で親の介護もしなくてはならないときが来るかと思うと、自分の人生、このままで幸せだとは思えないのです。幸せな人生のために何かできることはありますか？

私たちが幸せを感じられない理由は、5つあると私は考えています。

1つ目は、**思い込み**です。仕事や恋愛、家族などいろいろな面で、「自分はこうである」と枠にはめ込んで、自分の潜在的な力や可能性を閉じ込めていないかどうか。例えば、仕事で思うように頑張れないとき、「自分はここまでだ」と思ってしまえば、絶対に変わることはありません。一方で、自分の能力を評価してくれる環境があれば転職してもいいし、自分で何か仕事を始めてもいい。変われる可能性はいくらでもあるのです。特にこの方の場合は、婚姻関係もなく、ご実家が地元にあるということは現在ひとり暮らしと思われるので、ご自身の生活や未来は「変えたい放題」ともいえるわけです。つまり、今のままでなければならない、変われないという自分自身の思い込みを外すことが、まずは幸せになるための第1のステップではないでしょうか。

2つ目、3つ目は、恐れと不安です。

これから先、自分はこのままではないだろうかと恐れて、不安に思っている状況。さらに「家族の面倒をみる日が来るのが不安」とのことですが、まだその日は来ていないのです。来ていない日のことを想像して不安になるという状況は、自分で恐れや不安を生んでいるともいえるでしょう。

人が恐れや不安を感じる理由は、Chapter2の「人はなぜ生きるのか」でもお伝えした通り、「想像力」です。人間以外の生き物は、死の直前まで恐れることはほとんどないといわれ、4つの足が1本動かなくても、残りの3本の足で一生懸命動こうとします。けれど、人は足を1本失ったときに自分の未来を想像しますから、なんとか動けるようになろうとするまでに長い時間がかかるでしょう。

4つ目は、**誰かと比べる癖**です。同期の男性と自分とを比べてしまうのは、いわば「隣の芝生は青い」状況ですから、人は気にせず、自分自身の成長を過去と見比べればいい。Chapter1の「いつも人と比べてしまう自分が嫌なあなたへ」でもお伝えした通り、評価を受け取るときは、周りの評価と自分自身の評価がマッチしているかを見ることが大切で、もし周りの評価と自分の評価が乖離《かいり》しているならば、その理由を探す必要があるでしょう。例えば、自分自身の頑張りが届いていないのか、空回りしているのか、周りとコミュニケーションが取れていないのか、周りに多くを求めすぎて傷つけていないかどうかなど、評価が下がる可能性がないかを振り返ることも大事です。

一方で、人に評価される環境から外れるのも選択肢のひとつで、自分の評価だけすればいい立ち位置に自分を置けば、こういった乖離を考える必要もなくなるでしょう。

いずれにしても、人と比べているうちは幸せはやって来ません。自分にはないチケットを持つ人を羨んだとしても、自分がチケットを手に入れられるわけではありませんから、「チケットがない状態で自分がどう楽しむか」を前向きに考えるほうが理にかなっているのです。

5つ目、最大のポイントは**劣等感**です。これを手放すためには、まず自分ができないことではなく、できることに目を向ける癖を持つことが大切です。これは「優越感を持て」ということではなく、自分が持っているものを生かして自分なりの楽しい日常を過ごすことで、その考え方は私たちに幸せをもたらします。私たちの思いとは無関係に起こることは起こるでしょう。その起こった出来事をどう感じるかで、その先はまた変わっていくのです。

世の中には「足るを知る」という言葉があります。健康な体、今日生きるための仕事と少しの蓄え、住む家がある人がいる一方で、病気を患っている人や、手足が動かない状態の人もいるでしょう。けれどその状況を受け入れて、自分ができる部分でパフォーマンスを発揮する。これがいわゆるパラリンピアンたちの精神です。

いずれにしても、「自分の幸せは自分が決める」という言葉は、間違いありません。自分自身の思い込み、自分が想像してつくり出す恐れや不安、誰かと比べてしまう癖、そこから生まれる劣等感、これらが私たちに幸せを感じにくくさせる原因だと気づいてほしいのです。私自身はよく「まあまあ幸せ」「割と幸せ」と言います。1〜2割は思い通りにいかないことがありますが、「それでいい」と思っているわけです。

自分が「伝えるのにふさわしい人か」を考える

先日、婦人科のスポーツ医学集中講座で、参加者のなかに「自分が指導者として、責任ある発信をしていかなければならないと強く思うようになった」とお話しくださった方がいて、私のそんな気持ちまで伝わっていることを大変うれしく感じました。

私たちが何かを誰かに伝えたいと思うとき、なかなか伝わらない感覚を持ったら、どんなことを考えてみるといいのか。今回はこんなお話をしたい思います。

紀元前の哲学者で、プラトンの弟子としても知られるアリストテレスは、「人に何かを分かってもらうためには段階が必要だ」と言いました。

1つ目の絶対条件は、まず**「伝えている内容が正しくなければ伝わらない。論理的であれ」**ということです。これはギリシャ語で論理を意味する「ロゴス」と呼ばれていて、英語のロジックの語源となる言葉です。とはいえ、世の中の常識や正しさは変わっていくものですから、これは〝今の時代において正しいといえる新しい情報〟と捉えればいいでしょう。

けれど論理的であるだけでは、残念ながら人には伝わらなくて、そこに**私たちの気持ちの波や感情、思いというものが熱く乗らなければ伝わらない**と言っています。これが2つ目の「パトス」で、英語のパッション、情熱の語源となる言葉です。

加えて3つ目の大事な条件は、「話している人がその話す内容にふさわしい人がどうか」です。これが3つ目の「エトス」、英語でいうとエシックス（倫理）ですね。

つまり、伝わるかどうかは、**教えてくれる相手が信頼できるかどうか**に関わっていて、正しいことを熱意や情熱を持って伝える場合、教えるのにふさわしい人であれば必ず伝わるということです。

さらにアリストテレスは面白いことを言っていて、このロゴス・パトス・エトスの順番は、優先順位は逆である。つまり、まずはそれを伝えるのにふさわしい人にならなければ伝わらない、と言うのです。

私はヨガを教えていますが、ヨガを伝えるのにふさわしい人物でなければ、気持ちを一生懸命乗せて話しても伝わらないということです。例えば、クラスが始まる前に急いでトイレから出てきたときに、スリッパをパッと脱ぎ捨てて出ていく姿を生徒さんが見たとしたら、「スリッパをそろえない人なんだ」と残念な気持ちにさせてしまうことでしょう。

つまり、私たちは常日頃から「この人は学ぶのにふさわしい人なのか」を判断していて、それにかなう人からの話は身に付くけれど、そうでなければ内容がいくら正しくて熱意があろうが、身には付いていかないということです。

ですから、人に何かが伝わらないと感じたときは、まず自分の日常的な行動や言葉がどう捉えられているのかを一度見直してみるといいかもしれません。そのなかで大切なのが倫理観で、ルールを守る、人や自分との約束を守る、家族や仲間を慮《おもんぱか》るといった当たり前の感覚が必要になります。また、人は想像力を持つ生き物ですから、相手の気持ちを想像し、その上で自分ができることを考えることも必要でしょう。これは何も〝窮屈に生きなくては〟ということではなく、「自分がどんな人でありたいのか」を自分なりに決めればいいということです。

特に、社会において先生と呼ばれる立場の人――私たち医師、国会議員、弁護士など士業と呼ばれる人たち、学校の先生やスポーツ指導の先生などは、自分が伝える物事が周りに及ぼす影響をしっかりと考える必要がありますし、相手に心から伝わるためには、それにふさわしい生き方をしているかが大事になります。最初は「人が見ているからきちんとしよう」という心がけでも、いずれは習慣になっていくものです。

人は時間や気持ちの余裕がないとき、ゴミのポイ捨てはしない、スリッパをそろえるといった、ごく当たり前のことができなくなるものです。けれど、そのシーンを誰も見ていなくても、きっとお天道様は見ています。そんな気持ちで、自分の日常の行動を律することが、ひいては伝えたいことがちゃんと人に伝わる一番の大前提になるのではないか、そんなことを私は常日頃から考えています。

今一度、「自分がどんな状態であることが、一番自分の思いが伝わりやすいのか」、そんな視点で、自分の生き方や立ち居振る舞い、たたずまいを振り返ってみるのもいいのではないでしょうか。

20代のうちにしておきたいこと

Letter

今28歳なのですが、20代のうちにやっておいてよかったことはありますか？　また20代の頃の自分にアドバイスするとしたら、何を伝えますか？　人生で大切にされていることも、併せて教えていただけるとうれしいです。

私の20代を振り返ってみると、24歳で医者になってその基礎をつくる時期でしたから、長期の旅行もずっとしませんでしたし、行くとすれば学会で海外に行く程度でした。特に医者というのは目標が明確になりすぎているところがあって、一度線路を進み始めると、例えば「開腹手術（お腹を切る手術）の次は内視鏡手術ができるようになりたい」など、だいたい次の目標が目の前に出てくる。その目標をクリアすることに興味が集中するため、今のように大きな視点を持つ機会はほとんどありませんでした。

ですから、医療職ではない皆さんのほうがきっといろいろなことができるのかなと思いますが、もし自分が20代だったら自分の仕事とは関係ないことをたくさん経験しておくことが、一番大切な取り組みかなと思います。

30代後半になって大学病院に勤め、初めてまとまった休みを取れるようになり、いわゆる観光地ではない海外旅行にたくさん行きました。（大学病院は忙しいイメージですが、市中病院や総合病院よりもはるかに医者の数が多いため、比較的休みが取りやすいのです）。

その理由は、自分が医者になって10年以上たち、ヨガもずっと続けるなかで、「日本は世界から見るとどんな国なんだろう」という興味を持っていたからです。なかでも、印象に残っている旅行先はタイで、ちょうど国王のお誕生日のタイミングで滞在していたのですが、国全体がお祭りでにぎわっていて、王様を中心にまとまりのある非常に良い国に育っているのだと感じました。

船に乗ったときには、オレンジの袈裟《けさ》をまとい托鉢《たくはつ》をしているお坊さんたちがいて、まるで映画『ビルマの竪琴』で見た風景を目の前で経験しているようでした。英語は通じなかったので直接お話はできなかったのですが、興味を持って近づいていくと、彼らは私と一緒に船の中で過ごしてくれて、素晴らしい時間が持てました。こんなふうに、本を読んだり映画で見たりした原体験が自分のリアルになったことも、すごくいい経験として記憶に残っています。

一方で、医療の面やヘルスケアの面ではまだできることがあると感じた記憶もあります。視察に来られたミャンマーの医師から、現地では女性の乳がんの割合がとても高く、さらに乳がんの検診システムが成り立っていないことを聞き、「日本から型落ちのマンモグラフィーを輸出して医療技術ごと役に立てられないか」といった話を医者同士でしたりもしました。当時は実際に何かをする余裕はなかったので、このように仲間と話をしたり、感じたりしたことを自分なりに咀嚼《そしゃく》する程度でしたが、人生においていろいろな国を知ることで、初めて自分の国を振り返る機会になったと感じています。

いずれにしても、今の私が人生で大事にしていることは、自分ではない人がどういう状況に置かれ、どういう環境で過ごしているのかを想像するということです。

その上で、20代のうちにすることとしておすすめしたいのは、国内外問わずいろんな場所に行って、「自分がいる環境とは違う環境で暮らす人たちがいるということを知る」ことです。例えばSNSでいろいろな人たちの発信を見聞きすると、その人がどこにいるのかで感じ方は全然違うことに気づきます。私は東京にいて感じることを発信していますが、例えば地方の人が聞いてその状況を想像できるかというと、正直難しいかもしれないなと思うのです。

けれど、これからを生きる私たちにとって、自分とは違う場所にいる人がどんな状況にあるのかを想像するのは非常に大切なことです。自分を今いる状況とは違う場所に置くこと、グローバル社会においてイメージしにくい先進国以外の国を見てみるのも、とても良いことだと思います。

最後に、20代は本当に素敵な時期です。年齢を重ねていくと「失敗することはかっこ悪い」と思うようになる人は少なくないのですが、20代というのは何にチャレンジしてもいいし、失敗してもなんらおかしくはない年代です。何かを始めてみるのに一番ふさわしいときであり、それが長く続いてもいいし、中途半端になってもいい。10代の学びを終えた今、ぜひ見聞を広めてたくさんの経験をしてください。

迷ったときにどう決断するか？

決断について迷うことは、人生においてたくさんあります。私たちは毎日７０００もの選択をしているといわれますので、毎日が決断の連続ともいえるわけです。

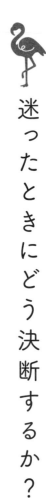

例えば、決まり事を守るかどうかの迷い。「赤信号だけど車が来ないから渡る」「万引きする」など、私たちが〝絶対によくない〟と分かっていることをするか迷う瞬間は、だいたい心拍数が上がっていますから、体に聞けばよくないことだと分かります。心拍数が上がるのは交感神経が優位な状態で、私たちの体にとってはその状況自体がストレスであることが分かる。そう考えると、その選択はしないほうがいいに決まっているわけです。

その他の例では、仕事を引き受けるかどうか。例えば、定期的にあるイベントへの登壇依頼があって、やりがいはあるけれど対価が少ないとする。現実的に問題となるのは、自分が準備にかける時間、現地に行く時間や労力、講演を行うこと自体に対して、自分が納得できる対価であるかどうかです。迷いが生じる場合は納得していない可能性が高いので、その際は自分なりにどこまで譲れるかを考えて決断すればいいでしょう。

こんなときに私が大切にしているのは、いつまでも迷っている状態をそのままにしておかないことです。つまり、モヤモヤと迷っているほうが私にとってはストレスになるので、ある程度納得できる対価の提示があり、繰り返しご依頼をいただく企業や組織であればありがたくお引き受けしますし、歩み寄る姿勢を見せていただけることもお引き受けする理由になり得ます。

もう1つの判断基準が、ワクワクするかどうかです。例えば私は2019年の11月にアフリカ・ケニアにお邪魔したのですが、この打診も本当に降って湧いたような出来事でした。ICPD25という国際会議に参加するために、1週間の日程を確保する必要があったのですが、実際に打診をいただいたのはわずか3カ月前だったのです。

けれど、まず私のなかで、ケニアという国にピンと来ました。タンザニアでもガーナでもなく、ケニア。なぜかというと私はフラミンゴが大好きで、フラミンゴを見に、アフリカ大陸のケニアに行きたいという思いがずっとあったのです。

普段の私は半年前からスケジュールが埋まっていくのですが、スケジュールを確認するとその1週間は講演のお仕事が1つ入っていただけでした。もちろんイーク表参道での診療はありますが、2カ月前に代診の申請を出せばお休みは可能です。そこで講演の依頼元に日程変更の打診をしたら、ありがたいことに調整にご対応くださり、無事にケニアにお邪魔することができたのです。

正直、日本で医者を続けるなかで、ケニアに行かなくてはならない理由はありません。ただ、やはり実際にケニアに行かなければ感じられなかったことがたくさんあり、エネルギーを使って調整をして行って本当によかったと、今でも思っています。

さらに今考えると、当初の迷いはスケジュール調整だけで、自分のなかで行きたいという答えは決まっていました。ですから、迷ったときは自分がワクワクするものなのかどうかを基準にする、自分の心に聞いてみることが大切だと思うのです。

もちろん、私たちが社会人として生きていくなかでは、諦めなくてはいけないときもあるでしょう。その上で物理的、時間的、経済的、距離的に可能かどうか、周りの人に迷惑をかけないかどうか、この辺りを総合的に考えると、おのずと答えは出てくるはずです。

その上で1つだけ避けたいことは、前述の通り決断を先延ばしにすることです。当然ながら相手方があることですし、調整に時間がかかることは仕方ないでしょう。けれど、自分のなかでモヤモヤと決断できない状態は非常にもったいないですから、やろうと思うならとっととやる、やめようと思うならすぐにそのこと自体を忘れてしまう、それくらいシンプルな決断が望ましいでしょう。なぜなら、**私たちの頭の中に迷いが複数ある状態は、他の大切な思考を邪魔している可能性が高い**からです。迷いは少ないに限りますし、迷っても自分の心に聞いて早く決断し、その決断を自分の責任として納得することが大事です。

世の中にはいろいろな悩みがありますが、私たちにいえるのは、**どんな選択をしてもそこから先の人生は変えていける**ということです。誰にでも、過去を振り返って「あのときこうすればよかった」という思いは少なからずあるでしょう。けれど、そこからまた新たにステップを踏み、自分なりの時間と経験を積み重ねていく。それが私たちの人生だと思うのです。

お金を稼ぐ意味、お金の使い方を考える

今回はお金について、なぜお金が必要なのかについてお伝えしたいと思います。

まず、お金の概念について考えてみましょう。遠い昔の社会では、みんながお互いの労力を交換することで社会は成り立っていました。例えば敵に襲われたときに、ひとりで戦うことは大変だけれど、早めに見つけてくれる誰かがいるからみんな逃げられるわけで、こうした〝助け合い〟が上手な生物が生き残ることができた。つまり、部族や組織で助け合うことで長生きする知恵を身に付け、実際に生き残った生物が進化してきたわけです。

その後、社会が発展するにつれて、物々交換が生まれるようになります。すると個人の欲が出てきて、例えば「魚1匹とリンゴ1個は同じ価値ではない」と気づくようになる。この間に

入って、物々交換のための物差しとして生まれたのが貨幣で、私たちは貨幣により同じ価値同士のものを交換できるようになったのです。
やがて、サービスや指導、何かの仲介など、目に見えない価値をお金で交換するようになり、昨今ではインターネット上の価値にもお金が生まれる時代に変わり、私たちにとってお金は「使うために稼ぐ」ものであることが大前提になったのです。

とはいえ、私も含め日本人の多くは、お金に関する話題が苦手です。「自分の価値を相手に分かってほしい」と強く思っているにもかかわらず、自分の価値を相手に伝えるスキルと努力が足りないのです。けれど、自分の価値を自分で認めるためには、まず自分のスキルに対する価格設定や対価が必ず必要になります。

もちろん、最初は好きで始めた仕事や趣味の延長の仕事、ボランティアなどを無償ですることはあるでしょう。けれど、やはり対価がなければその状況は長く続きません。自分が熱意ややりがいを感じるうちは頑張れるかもしれませんが、当然その気持ちには多少の波があって、頑張れるときもあれば頑張れないときもある。けれど頑張れないときにも、お金をいただいている仕事であれば頑張れる、そんな経験は皆さんにもあるのではないでしょうか。

その上で大切なのが、お金を何に使うかということです。

私がお金を稼ぐ1つ目の意味は、次に自分がしたいことのために使うことです。例えば本を買う、セミナーを受ける、運動指導者なら実技の指導を受けるなど、自分の次のアウトプットにつながるものにお金を使う。ただ資格の取得は少しグレーで、自分に必要なインプットや知識、技術であればいいのですが、資格を取った先に自分が何をしたいのかが曖昧なのであれば、優先順位は低くてもいいでしょう。

その他にお金を使う方法として、美術館に行ってアーティスティックな感覚を磨く、好きな音楽を聞きに行く、映画を見るなど、アウトプットに直結はしないけれども、次の新たなインスピレーションになる、なんらかの良い影響を受けるような活動があります。また、例えば富士山の近くで温泉につかるなど、自分をリラックス、リフレッシュさせて「また元気に頑張ろう」と思える活動に使うのも大切なことだと思います。

2つ目は、時間のためにお金を使うことです。例えば、自分よりも高いスキルを持つ人がいる分野についてはアウトソーシングしたり、お金をかけても早く着く交通手段を選ぶことで、私自身は次の新しいことを考えたり、アウトプットの準備をする時間が確保できる。こうして、自分の大切な時間を得るためのお金は惜しまないようにしています。少し前に、「母親だったらポテトサラダぐらい作れ」というツイッター投稿が話題になりましたが、何も労力をかけることだけが子どもへの愛情の伝え方ではないですし、「自分の時間を得るために総菜のポテサラを買う」のでいいのです。

人は生まれも育った環境も、時間に対する感覚もそれぞれ違いますが、24時間という時間だけは本当の意味で私たちが平等に持つものです。「自分の時間は貯めておけないから、お金を貯めておく」。これが貯蓄の基本的な考え方ではないでしょうか。

3つ目は、人への思いを伝えるためにお金を使うことです。例えば、大切なパートナーや家族に感謝を伝えるために贈り物をしたり、周りにいてくれる人の食事代を支払ったりすることも含まれます。私も、駆け出しの頃は先輩にごちそうになった経験がたくさんあって、きっと上の先生方は「明日もみんなが良い雰囲気で働けるように」とお金を使ってくださったと思いますから、私も同じようにしたいと考えているのです。このように、普段の感謝の気持ちを伝えるためにお金を生きた形で使うことも、私にとっては大切な使い方です。

思いを伝えるお金には、寄付も含まれるでしょう。個人の寄付は目立たないものですが、「誰かのために役に立ててほしい」という思いを伝える大切な行為だと思っています。私自身は2011年の東日本大震災以降、決まった機関に毎年同額の寄付を続けているほか、幼少の頃から年に1回、「あしなが育英会」（遺児らの支援機関）にも寄付してきました。後者は、私の母が最初の道をつくってくれたものですが、両親に何不自由なく育ててもらえた自分にできることとして始めたもので、私は子どもがいないからこそ、次の世代のための取り組みとして今も続けています。

また寄付というのは、自分の気持ちに対するプラスになるというデータもありますから、もし皆さんのなかで多少の余裕がある方は、困っている人のためのお金を、年間の支出のなかで準備していただくのもいいのではないでしょうか。

このように、お金に関する考え方のベースを持ち、自分が何のために使うのかが明確になれば、頑張るためのモチベーションになりますし、今とは違うお金の稼ぎ方を考えるきっかけにもなるでしょう。「ただ貯めればいい」「なんとなく心配だからお金を貯めよう」ではなく、自分がしたいことのためにどうしたらお金を手に入れられるか、そしてそのお金をいかにいい形で循環させることができるのか、そんな考え方を皆さんにもお持ちいただけたらうれしいです。

「顧客」を「ファン」に育てていく

先日、ある食品メーカーの営業の方から、一緒に仕事をしたいとご相談がありました。その食品に私自身の専門性が関わるわけではないので、何が私に求められているのかを確認したところ、「ブランドと会社の価値を高めていくためのファンを増やしたい」という思いをお話しくださり、その言葉が強く心に残りました。

そもそも、営業というのは商品を売るのが仕事です。けれど数字だけを追いかけるのではなく、「商品の背景にあるストーリーが社会に貢献することで、商品のブランド価値が高まる。商品の価値が高まれば、会社の価値も高まる」ということを、大企業のいわば一社員の方が考えていることが、素晴らしいと思ったのです。

〝ファンを増やす〟ことは、1日・1カ月・1年という短期間でできることではありません。同時に、このファンと対比して使われる言葉がカスタマー（顧客）で、世の中では「顧客とファンは違う」とよくいわれます。

顧客というのは、私が提供するプロダクツ（生産物）、つまり講演や講座などに価値を見いだしてくれる人たちですが、同じようなものが別の場所で手に入ればそれでもいいわけです。例えば私が売るリンゴジュースを買ってくれたら、その人は私にとっての顧客になりますが、同じ商品を近所で売っていたり、安価で提供されていたりしたら、そちらに乗り換えるでしょう。

一方で、ファンというものは〝誰から提供されるか〟に重きを置いていて、私から買うリンゴジュースに価値を見いだす人がファンといえます。単に顧客を増やしたいなら、商品の数や種類を増やせばいいのですが、他の誰かが同じようなものを売ったときに、半分はそちらに流れる可能性があるでしょう。ですから今後、私たちが常に考えていかなければならないのは、「どうやったらファンを増やしていけるか」だといえるのです。

では、ファンを増やすために具体的にできることは何かというと、ただものを売るだけでなく、そのものの背景にあるストーリー全体で価値を生むことです。

今回、私に求められたのは、「健康に関する商品を買う前に、私たちに何ができるのか」を示すことでした。つまり、私自身が「健康のためには食べ物を選ぶ、運動する、休むことが大切で、生活のベースを整えることで不調は減ります」と話すその先に、この商品が紹介されるとしたら、もしかするとこの商品は売れなくなるかもしれない。けれど、たとえ売れなくても、「社会を良くしていきたい」という思いで私に依頼してくれたわけで、私はそれをうれしく感じたのです。

例えば、うまく歯で噛《か》めない高齢者のために軟らかい食品を売るときに、歯を健康に保つための対策を立てていけば、商品は売れなくなります。けれど、「商品自体が必要ない社会にできるなら、それもいいよね」と考えて、社会を良くするために対策を講じていける。そのような姿勢は、特に企業においてはそう簡単にできるものではありません。

一方で、例えば高脂血症の薬を売る製薬会社は、薬が売れたほうがうれしいわけですから、高脂血症を予防する食生活や運動習慣については扱いません。さらに商品の顧客は、その薬を使いたくなくても使わざるを得ない人たちですから、なかなかファンがつかないわけです。

これからの社会において大事な目標のひとつになるのは、その会社や組織のファンを増やしていくことだと思います（もちろん、増やせる業種であればですが）。例えば、私自身は、顧客に対して講演や講座を提供していますが、そのなかで私に興味を持ってくれる人、私から聞きたい人、私に相談したいと思う人が増えるような取り組みをしていきたいですし、そういう人たちがファンになってくれるのではないかと考えています。そのためには、やはり私自身を磨き、「私自身が日常を良いものにしたい、良い自分でいたい」という希望をかなえること、さらに皆さんに私のことを知ってもらう努力をすることが、大事だと考えています。

皆さんのなかにも、同じような立場の方は多いでしょう。何かを愛してもらえている人は、もしかしたら皆さんの生産物が愛されているのかもしれません。それは多くの顧客がいることになりますが、さらにそこから一歩進んで、〝皆さん自身〟を好きでいてもらえる、〝皆さん自身〟から手に入れたいと思ってくれるファンが増えていくと、未来がまた少し違ったものになるのではないか、そう私は考えているのです。

自分をブランディングする方法

今回のテーマは「自分をブランディングする方法」についてです。フリーランスの人はもちろん、組織に所属している人でも、自分自身をどう世の中に見せていくのかというのは、自分の実力をつけるのと同じくらいに大切なことだと私は考えています。

私が自分をブランディングしていく際に戦略としたのが、マーケティングとイノベーションです。マーケティングとは自分を売り出したい市場、つまりマーケットに対して自分をどうやってアピールするかという方法ですが、それにはまず、自分自身を1つの商品と考えてみることが大切です。

とはいえ私たち医者は、病院の名前や立地などで患者さんが来てくれますから、自分をブラ

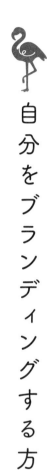

ンディングする必要はほぼありません。ただそれ以外のお仕事、私の場合はヨガの講師や体のコンディションを管理するような仕事においては、自分自身の売りを認識し、マーケティングした上でブランディングすることも必要になるわけです。

さて、自分を商品と考えた際に、まず「マーケットから何が求められているか」、それから「自分の実力でそれにどう応えられるのか」を考える必要があります。これがいわゆる需要と自分ができること（供給）で、この2つの重なりが一番大切な部分となり、さらに「自分のしていきたいこと」の3つが重なる部分が「働きがい」になると考えられます。

いくら求められていても、自分のキャパオーバーであれば応えるのは難しいでしょう。たとえ張りぼての状態で対応できても、その状況は長くは続きませんから、まず自分ができることを知り、なおかつ自分がマーケットとする組織や社会において、需要と供給の重なる部分を明確にする。さらに、「自分は何の・誰の役に立ちたいか」を自分のなかで確立する必要があるのです。ちなみに、私の場合は「女性の役に立ちたい」というのが大義ですが、次のステップとして、その女性の近くにいる男性の役にも立てるというイメージを持っています。

さらに大切なのは、他者との違いを考えることで、これが他の人が選ばれるか自分が選ばれるのかの違いになります。そのなかで必要なのが自分自身の軸を意識すること、つまり自分自身が何者なのかを考えてみることです。

私の軸はもちろん産婦人科医ですが、私にとっては「世の中からまともと思われる産婦人科医であること」が大事です。例えばメディアに出ていても、一般的な臨床ができて、産婦人科医として世の中に役立つ仕事ができていることが最も重要だということです。

その軸を中心に、役立つ仕事を横に縦に増やしてみる。例えば私が長く続けてきたスポーツの世界では、実際の現場で何が困るかが分かりますから、スポーツドクターとして役に立てます。また、たまたまケガしたときに出合って大好きになったヨガの世界では、女性の体を理解した上でヨガの指導者に対する指導ができる。さらに、働く女性に対しては産業医としての仕事もできる。こうした仕事のバリエーションの方向性が、他者との違いになってくるのです。

そのなかで、常に私が大切にしているのがイノベーション、つまり「変えていくといいのはどの部分なのか」を考えることです。つまり、産婦人科医という土台の上で、縦横に広げる方向をどう変えていけばより社会に役に立てるのか、より多くの人の元に届けられるのかを考えるようにしています。

それから、ブランディングに必要な発信力について。今の時代であればSNSが中心になりますが、ご存じの通り私はツイッターを発信用に使っています。ほとんどが私の言葉や写真で、リツイートする場合も元の情報を吟味した上で、自分の意見を乗せて発信しています。一方で、インスタグラムでは他のSNSには載せないオフショットを発信していて、はっきりいって役に立たない情報が中心です。それでも見てくださる方というのはいわゆるファンで、このファンの方々が「私が変えていくといい部分はどこか」を教えてくれる、大事な存在になると考えています。

つまり前項でお話しした通り、**顧客をファンに変えていく段階では、「この人はどんな人なんだろう」と興味を持ってもらう必要があります。**ですから今の時代においては、ツールごとに異なる意図を持って発信していくことがブランディングにつながると考えているのです。

ちなみに、発信がうまくいかないときは、何かが多すぎないか、足りなすぎないか、方向性が間違っていないか、この3つを見直す必要があるでしょう。例えば投稿が多すぎる、または投稿が少なすぎる、広告的な内容が多い、など。さらに方向性を決めることも大切で、それは個人に向けているのか、組織なのか、企業なのか、社会全体なのか、自分のなかで対象を明確にしておかないと、伝え方がぼやけてしまうでしょう。

私であれば、講座は個人に対して、企業から依頼を受ければ組織に対してお話ししたり、マネジメント層に対してお話ししたりすることで、その企業全体を良くしていくなどいろいろなパターンがありますが、最終的にはすべてが社会のために役に立つと信じて発信しています。

最後に、私自身が楽しくブランディングを続けられているのは、自分が目指す理想の姿に近づいてることを感じられるからです。つまり、自分が最終的にどんな姿になりたいかというゴールがあって、今は自分がどの辺にいるのかを確認できる。ですから、人からの評価はどうであれ、自分自身が良しとする状態を目指して続けていきたいのです。

私たちは誰かに選んでもらえたとき、誰かの役に立てたと感じ、その成果は次なるモチベーションにつながります。私たちはみんなそれぞれの魅力を持っていますから、まずは皆さんが自分の良さに気づくことがその第一歩になるでしょう。

想定外の出来事があったときにされるのが本当の評価

今回お伝えしたいのは、「世の中からの評価は想定外のときの行動によって生まれるもの」ということです。つまり、相手に強烈な印象を残すのは、日常業務やルーティンワークよりも、何か想定外の出来事が起こったときの対応で、これが評価の対象になることが多いと感じているのです。

私は、表参道ヒルズにある「やさい家めい」という野菜をおいしく食べられるレストランがお気に入りで、昨今はコロナ禍の影響であまり通えていませんが、ほぼ4日に1回くらい行っていました。表参道界隈《かいわい》はランチの予約ができないお店も多いのですが、この店はある程度顔なじみということで融通を利かせてくれるので、時間が限られるランチミーティングの際などはいつも予約をお願いしています。これほど大切でお付き合いも長く深いお店なのですが、実はそれには理由があるのです。

それは10年ほど前、ディナータイムに初めてお店に行ったときのことです。自宅から行ったので、割とカジュアルな格好でお邪魔したのですが、定番メニューの「農園バーニャカウダ」という生野菜をアンチョビソースで食べるメニューをいただいたときに、結構お気に入りのロンTの袖にソースを垂らしてしまった。私はそのときのことを今でもよく覚えているのですが、「このTシャツは高価なわけではないけれど、お気に入りなので、できればなんとかしたい」と言ったところ、当時の店長さんがすぐにいろいろな方法を提案して対処してくださったのです。もちろん、おいしくて野菜も選びがいがあり、値段も適度な良いお店なのですが、実際のところ私の印象に強烈に残ったのはその素晴らしい対応で、以来、その信頼できる店長さんのお店ということで頻繁に通うようになったのです。

こういったことは、日常生活のなかでもよく起こります。もちろん、日常業務をこなす上でも高いスキルは必要になりますが、やはり相手の心をつかむのは、想定外の出来事に対してどんな対応をするかなのです。

例えば、スポーツクラブでのスタジオレッスンで、デッキの調子が悪くて音楽が止まってしまった。ライトの不調で、ヨガの最後のあおむけに横たわるシャバーサナの時間に照明を暗くできなかった。そんな予想外の出来事に、その指導者はどんな発言をし、どんな行動に移すのかを、お客さんはとても興味深い目で見ています。なぜなら、想定外のときの発言や行動に本音が出るからで、もしかしたら「さっと済ませたい、面倒なことは避けたい」という指導者の思いが表れるかもしれません。

私自身も、例えば内診台に患者さんが乗ったとき、地震などが原因で上がったまま動かなくなったり、突然エコーの機械の電源が落ちて使えなくなったりすることに遭遇します。そんなとき、「患者さんとカルテがたまってしまう」というのはあくまでも病院側の思いであり、まずは患者さんの思いを優先し、どんな言葉掛けをしてどんな行動をするのかが重要な判断だということです。

カップルの関係性についても同じです。ドライブしていてたまたま誰かに絡まれたり、渋滞に巻き込まれたりしたときに、イラついて荒い運転をするのか。予定外の出来事に対して、どんな会話をしてどんな行動をするのか。これが、パートナーや周りの人に見られている大事なポイントになります。

このように、日常のあらゆる場面において「私たちの本当の評価は、想定外の出来事があったときにされる」ことを、ぜひ頭に置いていただけたらと思います。

管理職になれない状況とどう向き合うか

Letter

50代前半、夫と息子との3人暮らしです。仕事は公務員で、今は初めてメンタルで休んでいます。先日、休職期間終了が近づき受診したところ、休職が2カ月延長となってしまい、とてもショックを受けています。私は2年前に管理職登用試験になんとか合格しました。しかし職位は変わらず現在に至っています。職場の管理職はほとんどが男性、年齢も皆私より年上です。昨年度末、どうしても納得できず、なぜ管理職になれないのかを率直に上司に質問したところ、「まだ若いから」と言われてしまいました。そんなことがあり眠れなくなって心療内科を受診、休職となった次第です。この気持ちをどう整理したらいいでしょうか。

若いからという理由で職位をもらえず、それがきっかけで休職されているとのことで、おそらく職場的には年代が上の方が残っていて、年功序列で積み上がっている状況が予想されます。

この状況は医療の世界でも往々にしてあって、だいたい年齢順に職位が付き、一般的には国立大学病院は60歳、私立は65歳の定年ですから、ポストが空くと下から補充されます。そのため「上が辞めないから、ここにいても職位がもらえない」と、中堅とその少し上の世代が辞めていくことは、大学病院や総合病院でも同様にあります。日本の社会は変わりつつありますが、やはり年功序列の仕組みはまだ残っていて、さらに男性が大半の職場となると、女性が管理職より上のポストを得る機会はまだ少ないのが現状でしょう。


そう考えたときに、この方が（仕方ないと思いながらも）順調にお仕事を続けていけば、時代がもう少し進んだときに、女性でも管理職としてきちんと登用される可能性は高いと思います。そんななかで、職場が自分の希望とマッチしないことが原因で不眠になり、医者からメンタルのNGが出てお休みが続いているという状況は、この方が目指している姿に対しては一番遠ざかってしまう状況にあるといえるでしょう。

どういうことかといいますと、おそらく休まなくてもいい人じゃないかなと思ったのです。

もちろん体の調子が悪いとか、心理的にどうしても職場に足が向けられない、全く眠れないといった状況ならば、当然無理に自分を叱咤《しった》激励して行く必要はありませんし、少し離れることで状況が良くなるならそれでいいでしょう。けれど、職場に対する執着の気持ちがあり、離れていることがデメリットを生むと思うなら行く選択をしてもいい。つまり、希望をしばらくの間封印してでも働き続けるほうが、自分の目指す姿に早く近づけると思うのです。

さらに、この先昇進の話が出たときに、休職期間が長かったという理由でその意見が却下される可能性は大いにあります。短期間の休職ならば大したことはないかもしれませんが、これが半年、1年、2年となると、やはり組織や企業に対して貢献できていない期間と見なされるため、デメリットは大きくなるでしょう。

2カ月の休職延長と診断されたことについて、自分は頑張って働ける気がするのであれば、もう一度医者に相談してみるのもいいと思います。例えば、改めて2週間後に面談をしてから診断書を出してもらうことを試してみるほうが、希望には早く近づけるかもしれません。

きっと日本で頑張っている同世代の女性には、こうした忸怩《じくじ》たる気持ちで過ごしている方は少なくないですし、実際に私も同じような思いをした経験があります。けれど、そこで投げ出してしまえば、そのキャリアは当然終わります。業界によってスピード感は違うと思いますが、これからの時代は私たち女性も、小さな石を積み上げることでポジションが得られる機会が増えていくでしょう。もしまだ頑張れると思える部分があるなら、復帰を早めて自分が望むポジションに就けるような環境をつくっておくことも、ひとつの選択肢ではないでしょうか。

「家庭が一番、仕事は二の次」それでいい

Letter

31歳、1歳と2歳の子育てをしています。周りの社員は育休取得から1年以内に職場復帰をするなか、私はあの手この手を使って連続4年育休を続けています。そのため会社からは全く貢献する気がない人物だと思われていると思いますが、それは仕方ありませんし、自分もそれでいいと思っている節があります。育休前にバリバリ働いていた頃は、まさか自分がこんなに育児に没頭するとは想像もせず、即復職するつもりと伝えていました。今の私は、キャリアを捨ててでも子どもとの時間や教育環境に投資したく、会社には申し訳ないけれど、少なくとも10年間は主軸を家庭に置くことを決めました。会社には表立って「家庭が一番、職場は二の次」とは言えないので、育児が落ち着くまで淡々と仕事をこなすつもりです。高尾先生は長期間育休を取得する人に対して、どのような印象を持ちますか。

仕事ではなくて家庭に重きを置いた働き方についてどんな印象を持つかについては、「そういう人もいていいんじゃないですか」というのがシンプルな答えになります。

私たちを取り巻く環境は人それぞれです。例えば年代、子どもの人数、パートナーの有無でも環境は違いますし、結婚をしていない人、離婚した人、遠くにパートナーが住んでいるケースもあるでしょう。

さらに、自身のタイミングや状況によって、仕事と育児に対する注力の度合いも変わるでしょう。例えば独身の頃、結婚してまだ子どもがいない頃、そして妊娠が分かってから、子どもが産まれてからでは、当然自分を取り巻く環境も大きく変わりますから、気持ちが変わるのも当然です。31歳は子育てに注力しておかしくない年代ですし、お子さんを年子で産んでいるということですから、今の状況は全然ありじゃないかと思います。

ただ、世の中に育休を4年間取れる環境は多くはなくて、「そんなに休むなら辞めてくれ」と遠回しに伝えられて辞めるという声も多く聞きます。そのなかで、4年育休を取っていずれ会社に戻ることができること自体、本当にありがたい環境にいると思っていただいていいでしょう。育休は会社にとっては許容範囲ということですし、ご自身も仕事上のキャリアを手放して、家庭の役割を優先したいとのことなので、復帰後しばらくは助走期間的に働いて、お子さんの手が離れた頃、新たに自分のキャリアを積むのでもいいでしょう。そのなかで、やはり女性が社会で活躍するという目標においては、キャリアも追いながら育児も担っていける状態が、将来的には望ましいとは思います。

一方で、この方がおっしゃる通り、会社からは「貢献を期待できない人」と見られるのは仕方ありません。4年間あれば人事が2回くらい変わることもありますし、復帰したら知らない環境に置かれる可能性も高いでしょう。また一から人間関係を構築することになりますから、そこは苦労されるかもしれませんね。

それぞれの状況のなかで、仕事にどれくらい注力するかは、みんな違っていて当たり前ですし、ある程度の成果を出していれば問題ないと見なされるでしょう。逆にすごく仕事ができるように見えても、自分のキャパのすべてを注いでいるという人は多くありませんし、仕事と趣味との境がないような人も少なくありません。ちなみに、私もよく「時間が削られて、自分の時間がなさそう」と思われることが多いのですが、仕事と自分の好きなことが重なる部分が多いので、全然負担には思わないタイプです。

最後に少し気になったのが、「家庭が一番、職場は二の次なんて表立って言えない」という部分なのですが、「家庭が一番、職場は二の次」はみんな同じで、みんながそう思っていていいのです。**自分のプライベートが幸せな状態でなければ仕事なんて頑張れませんし、私たちは自分の生活を良くするために頑張って働くのではないでしょうか。**

私も、自分の家庭が一番です。自分の生活が幸せでいられるように仕事を続ける、そんな気持ちで毎日を過ごしています。

私たちの人生、仕事がすべてではない

Letter

40代後半、独身です。世代交代を感じたときの自分の生き方について教えてください。ひたすら仕事をしてきたつもりですが、気が付いたら家族も子どもも役職もなく、後輩たちにも抜かれ、世の中の変化や仕事のスピードについていけなくなったと感じます。数年前は仕事がただ楽しく、生涯続けたいと思っていましたが、この1年で役割が変わってきたと感じます。管理職ではないので、若い子たちの意見に耳を傾ける程度にしています。職場に私の需要がないのは分かっているものの、生活面や経済面、年齢を考えると辞める勇気もなく、なんのために生きているのかと考えさせられることも…。「あのときこうしておけば」という後悔だけはしたくありません。こんなとき、まず何から手をつけたらいいのでしょうか。

40代半ばから後半の年齢で仕事を続けている人たちのなかで、「なんとなく自分たちがメインキャラじゃないな」と感じ始めている人は少なくないと思います。今の社会において、40代の女性には家庭に重きを置いている人たちが多く、パートなどの非正規で働く人の割合が多くを占めます。そんななかで、「ずっと仕事に人生を捧げてきたのに、役割が変わってきた」と感じる人たちに伝えたいのは、私たちの人生、仕事がすべてではないということです。

実際に、独身時代や子育て中、子育ての後など、年代の変化によって仕事やプライベートなどのパーツが占める割合は変わるものです。独身の人や子どもがいない家庭の場合、特に仕事の割合が大きくなりがちですが、当然のように人生イコール仕事ではないのです。

本来、**世の中の多くの仕事は、他の誰かが代わってても成り立たなくてはならないもの**で、これが社会のあるべき姿だといえます。私の場合だと、いくら外来で「高尾先生がいい」と言ってくれる患者さんがいたとしても、他の産婦人科医が私の代わりができる状態でなくてはなりませんし、代診が長く続けば患者さんはいずれその状態に慣れていくでしょう。

もちろん、俳優やアーティストといった芸術関連の職業など、その人でなければ回らないとされる仕事もあるかもしれません。けれど、いくら仕事に人生を捧げていたとしても、事故や病気などのアクシデントがあれば誰かが代わりを務める可能性は高いですし、代わっても成り立つ仕事がほとんどです。そう考えると、人生の大半を仕事だけに捧げるのはもったいないと私は思うのです。

そう考えたときにこの方ができることのひとつは、もう一度職場において自分の存在感を高めていく努力をするということです。培ってきたコミュニケーションスキルを使って、職場のなかで自分がどんな形で役立てるのか、改めて考えるのもいいでしょう。40代後半になると、なんとなく仕事の先が見えてくるという人も多いですが、先が見えてしかるべきともいえますし、まだ15年もあるからもっとスキルを伸ばしていけるという考え方もできる。ご自身がどちらの考えを持つかによって、今後は大きく変わってくるでしょう。

もう1つの方法は、人生イコール仕事ではないと割り切って、人生を楽しく過ごすお金を得るために仕事を続けることです。今の仕事を続けるほうが安定感は得られますから、辞めてほしいと言われていないのであれば、後輩を温かく見守る立場で仕事は続けて、手に入れたお金で、この先の人生を自分なりに楽しむ方法を探してみるのです。映画や舞台芸術を楽しんだり、スポーツをしたり観戦したりするのもいいでしょう。これから時間やお金を費やしたいと思える趣味や楽しみに目を向けて、仕事以外の時間を豊かにしてみてはいかがでしょうか。

「年のせいだよね」を前向きに受け止める

Letter

ヨガのインストラクターです。60歳になり、体の調子も良く元気にレッスンをしていたのですが、膀胱炎《ぼうこうえん》になってしまいました。まさかの事態にびっくり、がっかりしてしまいました。病院の先生からは加齢も原因と言われ、エストロゲンが減少するのでかかりやすいとも言われました。水分は取っていたつもりですが、自分の体を過信してはいけないし、もっと自覚しないといけないのかもしれませんね。よく生徒さんと「病院に行くとすぐ加齢のせいにされるよね」とグチグチ言っていますが、どう気を付けたらよいのでしょうか。

まず、この「年のせい」という言葉は消極的でネガティブな表現として捉えられることが多いのですが、これまで大きな病気を経験せずにこられた、ある意味すごく平和に年齢を重ねてこれた方ともいえます。

例えば、年齢とともに卵巣機能が低下してエストロゲンが減少していきますが、生理があるはずの年代で婦人科がんになり、卵巣を2つとも失う経験をしたような方は、その直後から体の不調が表れやすくなります。そう考えると、自然な形で加齢性の変化をたどっていけることは、とてもハッピーでラッキーな経過だと思うのです。

確かに、年齢が高くなると体の不調が起こりやすくなり、持久力、筋力、柔軟性、バランス、姿勢や骨格、体力などの変化が如実に表れてきます。大切なのは、そこから先、自分が何をできるかです。つまりそれらの不調が「年のせい」なのはある意味正しいといえるので、正しく受け取った上で「じゃあこれから何をしたらいいのか」を考えることが大切なのです。

この方は膀胱炎ということですが、エストロゲンが膀胱炎に大きく直接的な影響を及ぼすというのは聞いたことがないので、そこまで先生の言葉を気にしなくていいとは思います。ただ、夏にかけて気温が上がるなかで、水分摂取量が少ないと、どの年代の方も膀胱炎にかかりやすくなります。ですから、特に運動指導をされているのであれば、より水分摂取を意識する、きちんと尿が出ているかを確認するといった取り組みも、ある程度の改善には効果的でしょう。

年を重ねるごとに、体の動き・働きなどに加齢性の変化を感じる機会は増えていきます。そこで「年のせいだから仕方ない」と開き直ってしまえば、さらに機能は落ちていくでしょう。大切なのは、変化に気づいたときに、生活習慣のなかで意識できる部分を前向きに変えていくことなのです。

例えば、先ほど挙げた骨格的な変化について。持久力が落ちてきたら、続けられる範囲で運動を続けてみる。姿勢が悪くなってきたら、姿勢を良く保つ意識を持つようにする。筋力が落ちて筋肉量が減ってきても、何歳でも骨格筋は増やせますから、きちんとトレーニングする。バランス能力が落ちてきたら、バランスを失ってケガをしないように、手をついたり、安全を保ったりして日常生活を過ごせるよう意識する。こういった心がけが大事になります。

また、柔軟性が落ちるのは、軟骨や関節可動域の変化が原因ですから、大きく改善させることは難しいでしょう。そんなときも、「今日できることは明日もできるようにする」と目標を立てて、毎日毎日積み重ねていくことで、1週間前、1カ月前、さらに1年前と同じ機能が保てる可能性が高くなる。私はこのように、年齢とともにできなくなるかもしれないことができる状態で保てることは、進化であると考えているのです。

そう考えると、「年のせい」と思うこと自体は、何も悪くありません。「年のせい」と思って、そこから何をするのかで、私たちのこれからの人生は違ってくる。そんなことを頭に置いていただけたらと思います。

40代、50代、この先の時間はたっぷりあります

今回は、40代、50代の方からいただいた今後の生き方に関するレターを2つ紹介します。

Letter

私は40代後半、夫は12年前に亡くなり、2人の息子は就職して遠くで暮らしています。実家が遠くて身内とも親しくしておらず、親友もいず、頼れる人もいません。これまでは、それでも幸せだからひとりでいいと思っていましたが、人生の末期をどう暮らすのかを考えたときに、時々どうしようもなく淋しさを覚えます。この気持ちをどうやり過ごしたらいいでしょうか。

まずは「40代の後半で、この文章は早すぎない？」とお伝えしたいですね（笑）。人生を長めに見ると、まだ曲がり角すら迎えていない可能性が高いのですから、これからまだ、1つでも3つでも新しいことにチャレンジしてみていいのではないでしょうか。

新しいことにチャレンジするという姿勢は、何歳になっても持てるものです。運動などの体を動かすこと、絵を描く、パソコン作業などの頭を使うことを始めてみる、新しい環境に身を置いてみるのもいいでしょう。こういった新しい取り組みを通して、新しい仲間と出会える可能性もあります。

さらに、新しいパートナーを探すのもひとつの手だと思います。恋愛関係ではなくても、例えばシェアハウスのようなものに住んでみるのでもいいのです。こんなふうに柔軟に考えてみると、楽しみは山ほどあることが分かりますし、これからの人生、残されている時間が長いほどうれしい気持ちになれるチャンスがあります。ですから、40代後半からもう一度新たな人生がやって来る、それぐらいの気持ちで迎えればいい。ひとりでそこそこ幸せに人生の末期を過ごす選択もいいですが、それ以外の選択肢もたくさんあると考えてみてください。

Letter

53歳、出産後間もなくシングルとなって育てた子どもは、すでに独立しています。少し前から終活を考えているものの、必要不可欠な断捨離がとてもできないのです。片づけを始めると積み重なった思い出が随所にあり、虐待を受けた両親の気配さえ、今や恋しい私の記憶を呼び覚まします。嫌なものでなく、懐かしくすら感じられます。息子との思い出もバサバサと捨てられるものはなく、私にはすべて大切な記憶や宝物です。けれど、私がいなくなって残されたみんなにはいらないものだとも分かっています。今、ひとりで生活しており、いつお迎えが来てもいいようにと思うのですが、捨てるたびに泣く羽目になってしまい悩んでいます。

まずお伝えしたいのは、「捨てるときに泣いてしまうような状態なのであれば、まだ捨てる時期ではないのではないでしょうか」ということです。例えば、「今がんの末期で、人生が終わっていく可能性が高いから、やり残したことをしたい」というのであれば分かりますが、そうでないならば、この方にも「53歳は早すぎない？」といいたいです。

さらに、この方が断捨離をする理由のひとつは、「残されたみんなにとっていらないものだから」ということですが、残された方たちのことは考えなくていいと思います。例えば、私自身は自分が死んだ後のことは正直何も考えていませんし、葬式も好きにしてもらったらいいと思っています。

当然のことながら、自分のために断捨離したいのなら、したらいいでしょう。家の中の不要なものをなくすことで、きっと家の中には気持ちのいい気が流れます。けれど「残される人のためにしなきゃ」と思っているなら、その気持ちは手放していいのではないでしょうか。

私自身も、今は残される可能性がまだある立場で、いつか何かを捨てなくてはならないときが来ると思います。けれどそのとき、残された側が涙しながらその人を思い出す、そんな時間を過ごせるほうが幸せなのではないかとも思うのです。

いずれにせよ、お2方とも40代、50代という非常に若い年齢で、これから先を悲観されているように感じます。もちろん先のことを考えておくことは必要ですが、私たちは60代、70代からですら、もっといってしまえば死ぬ前日まで新しいトライができるはずなのです。そう考えると、これから私たちにできることは山ほどある、ぜひそう考えていただきたいと思います。

年齢を重ねることでよかったなと思えること

私たちは、〝若さ〟は簡単に手に入らない素敵なものだと考えますが、逆に「年齢を重ねることで良いこともある」と感じています。つまり、若いときにはない、人生の積み重ねによってしか手に入らない多くの物事があると思うのです。

1つ目は、「大体のことはどうにかなる」と思えるようになったことです。

私たちは何かトラブルが起こったとき、「もう人生が終わる」くらいに悩んだりするものです。失恋、仕事での取り返しのつかないミス、スポーツの試合で自分のせいで負けたような経験は、そのときの私たちに大きなダメージとなり、後々まで響くこともある。けれど、その大体のことはなんとかリカバリーできるものだったりします。

まずは、そのような事態に陥らないことが大事です。けれど、もしトラブルが起きたとき、また自分が意図せずトラブルを起こした場合は、まず心から謝り、どう乗り越えていくかを考えていく。そのなかで、最後のゴールとしては「大体はどうにかなる」という考えを念頭に置きながら、自分でできることを行うことが大事だと思います。

さらに私の仕事面でいうと、医者としてのキャリアを積めば積むほど、相手に安心感や信頼感を持ってもらいやすくなります。もちろん、私がキャリアを積んだように見えるかは別ですが(笑)。今の時代は医師検索をすれば、その人がいつ医師免許を取得したかも分かりますから、医者や医療職の仲間、患者さんから見ても、ある程度キャリアを積んでいるほうがありがたいともいえるわけです。ただ、逆に年齢が高くなりすぎて、ヨボヨボの先生が出てきたときには、マイナスに作用することもあり得ますよね。

2つ目は、交渉力がついてくることです。例えば時間やフィー、条件などの交渉において、相手の提案を丸のみする必要はないという考えが身に付いてきますが、おそらく若い頃にこの交渉能力はほぼありません。

でも、相手とのやり取りを重ねるなかで、100か0かの選択しかなかったものが、条件や内容を一部変えるなどして交渉できるようになる。このネゴシエーションは、自分がやりたいことを続けるためには本当に大切で、磨いていかなくてはならないスキルだと思っています。

3つ目は、不安なことがだんだん減ってくることです。例えば、あまりお金の心配をしなくてもよくなりました。もちろん年齢を重ねた人がみんなお金の心配をしなくていいわけではありませんが、私の日常というのはとても一般的で、生活レベルもそれほど高くないと思いますから、例えばコロナ禍によって一時的に収入が減ってもそれ相応に対応できますし、「ちょっとやそっとなら大丈夫」という気持ちがあります。また、年齢を重ねることで、逆にお金を使いたい部分にはしっかり使い、使わなくていい部分は使わないという判断も身に付いてきます。

4つ目、最後に一番よかったと思うことは、人間関係が整理されることです。同じことを感じている人は多いと思いますが、40年、50年と生きてくると、本当に残る人だけが残っていく。自分の周りにいる人は、これからも一緒にいるだろう人、仕事関係の人、趣味の関係の人、これぐらいの非常にシンプルなグループ分けになるのです。

一方で、利害関係だけでつながっている人との関係性は、いずれは薄らいでいきます。頑張るときには濃く長い時間を過ごしますが、それが終われば別の誰かに目が向くものですから、それなりに割り切って付き合えばいい。逆に、これまで長く続いている友達というのは、たとえ半年間連絡を取っていなくても何も変わらないものです。

自分が本当に大切にしたい人間関係だけに整理されて、「相手に使う時間や労力、お金は惜しくない」という気持ちになれることも、年齢を重ねて本当によかったと感じることなのです。

「自分の限界は自分で決める」の受け取り方

Letter

先日のリアルボイスで、「限界を自分で決めると成長しなくなる」というお話を聞いて、そうなのかとしみじみ感じるとともに、「また自分を追い詰めてしまうかも」とも感じました。私はこれまでの人生、限界を決めてはいけないと思い、やりすぎては病に倒れるという繰り返しでした。1回目は急性肝炎、2回目は自律神経失調症、3回目は潰瘍性《かいようせい》大腸炎、4回目は乳がん。もちろん頑張りすぎが原因ではない病気があることは分かっています。仕事はデザイナーで、マネジメントを含め、現在大小8本のプロジェクトを抱えています。このコロナ禍でお仕事をいただけることがありがたくて断れず、クオリティーを下げることもできず（実際には下がっていると思いますが）、日々限界を感じています。倒れるまで追い詰める私のようなお馬鹿さんタイプに、何かその呪縛から解かれる方策はないでしょうか。

先日の配信で、あるお悩みに対して、「自分の限界は自分で決めるものだから、まだまだ頑張れるよ」という〝限界突破〟のようなイメージでお話をし、それに対していただいたレターです。まず、私がお話しする内容に共感していただいたり、いろんな考えを持っていただいたりすることを、とてもうれしく思います。なぜなら、私たちは自分にとって一般的な日常生活を過ごしていると、あまり物事を考えることなく24時間を過ごせてしまうなかで、意識的に「自分自身で考える」ことが大事だと思うからです。

ただ、私がお話ししている内容は、あくまで私の意見にすぎず、正解ではありません。世の中にはいろんな立場や背景の人がいて、反対意見があるのも当然ですから、リアルボイスに関しても、ひとりのご相談者に対する物語と思っていただけたらいいでしょう。

この方の場合は自覚されている通り、かなりの仕事量を抱えていて、「頑張りすぎが原因で」という言葉が出るくらいですから、間違いなくキャパオーバーといえるでしょう。何よりもご自身が「詰まっている」と感じていて、先を見る余裕がない状況にあると考えられます。

私たちの仕事は、ある意味パン食い競争のように、目の前にぶら下がっているパンに早く食いつこうとするものですが、本来、仕事には中期的な視点が必要です。特にコロナ禍以降、私たちの多くは、「今ある仕事がこのまま続くわけではない、世の中がこのまま続くわけではない」という視点を持つことの大切さを学んだと思うのです。

そう考えると、やはり中期的な視点で自分の仕事のスタイル、自分がやりたい方向性を見つめて、今進んでいる道筋でいいのかどうかを考える余裕は、どんな人にも必要になります。そのなかでパンに食いつくことだけに一生懸命になっていると、気づいたときには世の中が大きく変わっていて、自分自身の価値が目減りしていることもあり得るでしょう。

つまり「限界はまだまだ先」と考えるべきときは、自分は「まだ頑張れるかも」と思えるときであり、それぞれの状況によって限界は自分で決めればいいということです。その上で、私がこの方に「私の限界はどこですか？」と相談されたら、「もう限界を超えているかもしれないから、限界は自分の腹八分目にとどめてほしい」と答えるでしょう。今まで病気も経験されていて、同じことを繰り返す可能性もありますから、もし可能であれば仕事量を減らしたり、仕事を誰かに割り振ったりして、実働を少し減らすのもひとつの方法だと思います。

実は私自身も、「仕事があるから、どれだけでも働ける」、そんな感覚を持った時期がありました。例えば、外来のアルバイトは時給でお金が稼げますので、時間があればあるだけ働けます。産婦人科医には夜のお産もありますから、当直をして土曜から月曜の朝まで働くと、かなりのお給料をいただけたりします。

けれど、それによって失うものを考えたときに、今の私はそのような働き方は選びません。自分がこれからの人生で何をしていきたいのかを中長期的な視点で考え、戦略を持つ。そんな時間を自分なりに生み出すほうが重要だと考えているからです。

特に私たち日本人というのは、いわゆる〝くそ真面目〟で、頑張るのが上手です。だからこそ「自分の限界は自分で決める」は、皆さんなりの解釈で受け取ってほしいのです。世の中には十分に頑張っている人が山ほどいますから、まずはその頑張りをご自身で理解してほしい。もちろんお仕事があるのはありがたいことですが、やはり体と心あっての物種です。

例えば「心身が休まる時間を24時間、1週間、1カ月のうち少しでも持とう」、そんな意志を持つことも自分のメンテナンスのひとつになります。このように、自分の強い意志で健やかな体と心を保つという選択も、自分への大切な取り組みだと知っていただけたら幸いです。

私がおすすめするキャリアの積み方

今回お話ししたいのは、「キャリアを積む際にどんな考え方をしておくといいのか」ということです。今の時代、定年まで1つの会社で働き続ける人はまれで、転職して仕事内容が変わっていくケースも増えています。ですから、今回の話は私のような医者や士業など、資格をもとに日々変わらない仕事を積み上げ、高みを目指していく職業の方に当てはまるといえますが、小さな部分で見るとすべての仕事に共通点があると思っています。

私が医者になって現職に就くまでは、私たちの世代における〝当たり前〟の医者の人生を歩んできました。

まず研修医として研修課程を修了した病院で数年働いた後、その後の4年間は臨床大学院で仕事と研究を行いました。昨今では医者の働き方改革が話題になっていますが、当時の私は大学院の学費（年間40万〜50万円）を払いながら、無給で週に3〜5日は外来の手術や当直を担当し、1日は出向先で仕事をして、その出向先で得る給料だけで生活をしていました。今の時代では間違いなくブラックですが(笑)、それが当時の業界では当たり前だったのです。

大学院における取り組みとして続けていたのが、婦人科がんのなかでも卵巣がんの遺伝子変異に関する研究で、顕微鏡で染色細胞を観察し、遺伝子変異における抗がん剤の効果について研究していました。その後は大学病院と関連病院を2~3年単位で移動して、現在の仕事にたどり着いたわけです。

今振り返って一番よかったと思うことは、産婦人科にとってのジェネラルをきちんと全うしてきたことです。自分は大学院や大学病院で婦人科がんをメインにしていましたが、分娩や帝王切開も行い、当直では手術の担当医の手伝いをしたり、不妊治療やホルモンに関する治療をしたりと、婦人科全体を見ながら婦人科がんの分野への取り組みもずっと続けてこられたわけです。

そのなかで私が一番注力したかったのは、幅広く女性の人生をサポートするいわば〝女性医学〟で、さらにそのとがった部分ともいえるのがアスリートのサポートでした。つまり、婦人科というベースからフォーカスが絞られ伸びていくような形で、私のやりたいことがどんどんクリアになっていったのです。ですから自分のキャリアを見つめたときに、まずは広く俯瞰し全体を学ぶことがとても大事だと思っているのです。

けれど医者の人生において、このように努力を重ねていくことは意外にたやすくはない道筋でもあり、目の前にぶら下げられたニンジンに食いついて道を外れてしまう人もいます。特に最初の10年くらいは、しろと言われたことは絶対にしなければいけない、土日や年末年始の出勤も当たり前、希望の日がお休みにならない、勤務時間が延びることも普通、当直を代われと言われたら嫌でも代わらざるを得ないなど、今振り返ってみると理不尽に思えることもたくさんありました。けれど私は今でも、そんな地道な積み重ねの時期も前向きに楽しむことが望ましいと思っているのです。

実際に私が20代の頃は、ずっと病院にいました。病院にいることでいろんな症例を経験させてもらえたからです。また、病院の真向かいにある官舎と呼ばれる寮に住んでいたので、病院から私の部屋の明かりがつくのが見えますから、部屋に帰るとすぐ、看護師さんから電話がかかってくることもよくありました(笑)。また、毎日夜には、呼吸器内科や循環器内科など、いろいろな科の勉強会があり、豪華なお弁当が毎回出る時代でしたので、それを食べてからまたひと働きして、最後は病院の一番上の階にある看護師用の大浴場でお風呂に入って官舎に帰り、当直でない日は寝る。そんな生活を5年間ずっとしていましたが、私はそれが楽しかったし、間違いなく自分の身になっていると感じていました。

きっとこうした時期は、どんな仕事にでも必要だと思うのです。幅広く勉強していろんな分野を経験し、自分に合う部分を見つけ、人に勧められたことが実は自分にマッチするといった体験。例えば自分で本を選ぶと、好きな似たような本ばかりを選びがちですが、人が選んでくれる本には別の視点が入りますから、普段選ばないような本に出合う機会になる。仕事も同じで、したほうがいいと勧められたことが実は自分の将来にプラスになっていくこともある。私の場合は婦人科がんがそうで、実は最初は上の先生の勧めで始めたものでしたが、今も外来で責任を持って診られる自分でいられるのは積み重ねのおかげだとありがたく思っています。

ですから、これからキャリアを積んでいこうとする際には、まずは自分の専門領域を狭めずジェネラルといえる状態にしておき、そこに自分の希望や新しく出合った分野を積み上げていくと、いずれ自分の好きなことができている状態になれるでしょう。もちろん努力だけでなく運や出会いも必要ですが、していきたいことをいつも頭に置きながら、今の環境や周りの希望に沿って進めていくことも悪いことではありません。

これはどんな仕事の場にでもいえることで、転職して新しく仕事を始めたという人も、まずその仕事の全体像を眺めてみて、自分に割り振られた部分をきちんと磨いていく。そのなかで、自分がどんなことをしたくて入社したかを頭に置きながら続けていけば、きっと自分がしていきたいことに近づいていけるのではないでしょうか。

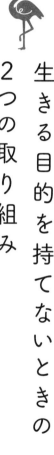

生きる目的を持てないときの2つの取り組み

Letter

40歳独身、子どもなし。生きる目的が分かりません。今は元気ですが、どう楽しめばいいか分からず、周りは楽しそうでいいなと羨み、私には何もないとへこみ、会社でもどこでもイライラします。食べることがストレス解消です。何を思い、日々を過ごせばいいでしょうか？

時代の変化とともに女性の人生も変化し、昨今では人生をひとりで過ごす選択をしても、あまり困らない時代になってきました。もちろんその選択が、自分で積極的にしているのか、なんとなく流されて今に至るのかで、受け取り方は違うと思います。そんななかで「自分の周りに大切にしたい人や家族がいなくて、何を楽しみに過ごせばいいのか分からない」、このような状態の方も少なくないと思います。

けれど1ついえることは、今は24時間の使い方が仕事に縛られて暇なく過ごしている状況であっても、リタイア後の約30年間は仕事がメインではない人生になる可能性が高いということです。そのとき、毎日ただ散歩をして過ごすのも悪くはないですが、この先の楽しみを何か考えておいたほうがいいことは確かでしょう。

では今、何を思って過ごせばいいのかというと、1つ目のおすすめは**自分の成長につながることに取り組むこと**です。

今の仕事に対して、「これは私の天職だ」と思える人は多くはないと思いますが、現状を続けていけばそれほど不安なく生活していけるでしょう。けれど、私たちを含めた下の年代においては、おそらく十分な年金が期待できませんから、リタイア後にある程度稼げることは安心につながるはずです。

そう考えると、今の会社での仕事とは違う次の何かに取り組む必要があって、その際に自分の伸びしろ、つまり自分がやりたかったこと、好きなこと、学びたい分野を今から学んでおくことで、自分の成長や次なる仕事にもつながると思います。

特に自分が好きなことであれば、きっと掘り下げることに苦労はしませんし、この先の自分自身を深めるのにもってこいの分野といえるでしょう。ただ、これからの私たちの肉体の変化は読めませんし、事故や病気をしても人生は続いていくと考えると、体ではなく頭を使う、いわば知的な作業も見つけておくといいかもしれません。手芸のように手先を使う作業をしたり、それを人に教えたりするのもいいでしょう。好きなことを動画に撮ってYouTubeに上げて、それ自体が仕事になっていく。現代ではそんな可能性すら考えられるのです。

2つ目は、**人に対する親切**です。

親切というのは、人間関係を築くために最も効果的な行為と考えられている一方で、「自分自身が不機嫌なとき、ご機嫌になるための一番簡単な方法は、自分以外の誰かに親切な行動をすること」ともいわれています。

例えば、目の前の人がハンカチを落としたときに声を掛けて、「ありがとうございます」とお礼を言われる。そんな1つのアクションでも、私たちの気持ちを持ち上げてくれるきっかけになります。駅のホームでベビーカーを押しているお母さん、荷物を持った旅行者、高齢の方など、困った人に声を掛けてみるのもいいかもしれません。誰しも人の役に立ちたいという親切心は持っていますから、その行動は間違いなく人生の質を上げてくれるでしょう。

さらにこの延長線上に、奉仕活動や寄付があると私は考えています。一番シンプルなのは宗教施設の奉仕活動かと思いますが、そのほかにも炊き出し、女性のお悩みを聞くボランティアなど、今の時代は至る所で奉仕活動は行われています。

名古屋にいる私の父は、リタイア後もいくつかの仕事と並行して、近所の神社のお庭を掃除するボランティアをしているのですが、誰に言われるわけでもなく通い始めて、ちゃんと続けているのは心から尊敬できることだと思っています。

自分の成長につながる何かに取り組む、人に親切にする。この2つを続けていくと、人生をより楽しく過ごしていくことにつながるかもしれません。

「いい人生だった」と思えるためにしたいこと

先日、医者専用のSNSサイトから届いたメルマガをふと開いてみたのですが、そこにあったオーストラリアの緩和ケアの看護師、ブロニー・ウェアさんの言葉に衝撃を受けました。緩和ケアでは亡くなる前の人と接することが多いのですが、彼女は「人が死ぬ間際において後悔すること」として、以下の5つのことを挙げています。

1つ目、あんなに働きすぎなければよかった。
2つ目、自分に正直に生きる勇気が欲しかった。
3つ目、自分の本心を伝えておけばよかった。
4つ目、友達と連絡を絶やさないでおけばよかった。
5つ目、自分を幸せにしてあげればよかった。

私はこれを読んで、とても心に刺さる部分がありました。

まず1つ目の「働きすぎなければよかった」ですが、私を含め、おそらく医者の多くがこのような状況だと思います。お世話になった病院や関連病院で、特に契約や交渉をすることなく、年に少し給料が増えていく程度。世の中から見れば給料は多少良いかもしれませんが、例えば家族が増えてお金が必要になったら、時給でバイトに行ってお金を稼ぐお医者さんがほとんどです。

一方でごくわずかですが、人への貢献と並行して収入を多くすることに関心を持つビジネスマンのようなお医者さんもいる。私自身は患者さんを直接診て、その人の悩みや困り事を解決できる前者のような医者でありたいと思いますが、いつまで仕事をするか、どれくらい、どのように仕事をするかに関しては、きちんと考える機会を持つ必要があると感じています。

もちろん、働くこと自体が悪いわけではありませんし、働きすぎたからといって必ず後悔するとは限りません。けれど、命が終わるそのときに、「もっと働けばよかった、もっとお金を稼ぎたかった」とはきっと思わないでしょう。そう考えると、やはり仕事以外の人生を充実させることが大事で、それが5番目の「自分を幸せにする」につながると思うのです。

では、仕事以外で「いい人生だった」と思うために何がしたいか。私が1つ目に思い浮かべるのは、人との関係性をいい形で長く続けていくことです。家族や友達、仕事で出会った人たちを含め、大切にしたいと思う人たち、仲間たちとの関係性を大事にするための時間として使いたいと考えています。

2つ目は、自分自身で発信を続けていくこと。私は、講座や音声配信などのすべてのアウトプットは、〝自分の氷山の一角をつまんで発信しているにすぎない〟という感覚を持っていて、無尽蔵に多くの、かついろんな角度からの発信ができる理由は、皆さんから見えていない〝氷山の本体〟に莫大なボリュームがあるからだと考えています。この氷山の本体は、自分の専門を問わず興味を深掘りしたり、読書などで学びを深めたりするなかで得たものですが、この本体を肥やしておくことが自分の仕事や人生のプラスになると感じているので、ここに対する時間やお金、労力の投資は惜しみません。この取り組みは私の仕事に直結しているように見えるかもしれませんが、いわば私にとっての喜びであり幸せであり、今後の人生でさらに注力していきたい取り組みでもあるのです。

3つ目は、ストレスなく体を動かすこと。コロナ禍において、屋外での運動習慣は自転車だけになり、やはり運動に制限がかかることにストレスを感じてきました。世の中が元に戻るまでは工夫が必要ですが、できるだけ衛生的で安全な環境で自分にストレスがなく、できれば仲間とコミュニケーションを楽しみながら運動したいなと考えています。

4つ目は、自分自身に正直に生きることです。例えば、私はネギもミョウガもパクチーも食べられず、小さい頃から肉は苦手でしたから、かなりの偏食といえますが、「別に嫌いなら避ければいい」と思っているタイプなのです。

先日SNSで、亡くなる直前のおじいさんが「ラーメンを食べたい」と言ったと話題になっていましたが、実際その通りで、私たちは栄養のバランスが崩れるほどでなければ、食べたいものを素直に食べるのが一番だと思うのです。もちろん、健康を守る範囲であることが望ましく、「ラーメンを食べるなら汁は飲み切らないで」と友達に言ったりもしますけれど。(笑)

いずれにせよ、私たちが「自分の人生は良い人生だった」と思えるためには、多くの人がお葬式に来てくれるとか、偉人伝が書かれることなどではなく、自分自身が亡くなるその瞬間に「いい人生だったな」と思えることが一番大切でしょう。そう考えたときに、例えば誰かとコミュニケーションを持ちたい、好きな人と一緒の時間を長く過ごしたい、(今は難しいですが)旅行に行きたい、そんな非常にシンプルな自分の心の望みをかなえていく努力をすることも、これからの私たちの人生にとって大事なことだと思います。

皆さんも「残された時間をどう過ごせば、幸せな人生だったと思えるのか」を、ぜひ一度考えてみてはいかがでしょうか。

Chapter 8

私が人生でしていきたいこと

産業医として、女性が元気に働き続けるための仕組み化を

今回は、私が取り組んでいる仕事の大事な4つの柱のうち、産業医としての活動についてお話しします。

まず、私の仕事の4つの柱について。1つ目はご存じの通り、イーク表参道における産婦人科医としての仕事で、一番大切な柱です。私にとって医者として臨床の現場にいることは非常に大事で、なおかつ患者さんたちの声や困り事、訴えなどはすべて私のインプットになっています。現場では診断をして治療方法を提案した後、その方の今後を考えて一番望ましい方法をおすすめし、その方がした選択を続けていけるようサポートします。

2つ目は、スポーツドクターとしての仕事です。例えば、ここ6年間は国立スポーツ科学セ

ンターにおいて、東京オリンピック・パラリンピック大会に向けた「女性アスリートの育成・支援プロジェクト」に携わり、日本のトップアスリートのデータを集める活動をしてきました。その他にもプロスポーツのチームをいくつかサポートしたり、私を頼ってやって来るアスリートたちへの婦人科的な支援をしたりするほか、運動指導者に対する指導として年に1クール「婦人科スポーツ医学集中講座」というかなり専門性の高い講座も開催しています。

同時に、私はスポーツドクターとして、運動習慣を持っていない人たちに運動習慣を持ってほしいという願いを持っています。そのひとつの選択肢として、私が続けてきたヨガを運動習慣として取り入れてもらうような提案を多くの女性にしていて、これが3つ目のヨガの世界における仕事になります。特に、ヨガを続けている人はどうしてもナチュラル志向、自然派志向になりやすく、なんとなく抗生物質やピル、ホルモン補充療法、ワクチンなどに抵抗がある人も多いので、現代における正しい西洋医学的な情報を分かりやすく伝える取り組みも行っています。

そして4つ目が、会社や企業で働く人の健康管理を行う産業医の仕事です。私は、女性たちが働き続けるなかでいろいろな〝落とし穴〟に出合うことを知っているので、「あらかじめ落とし穴を知っておくことで、できる対策」を女性たちにお伝えしています。

まず、社会人になって間もない時期にやって来るのは、望まない妊娠という落とし穴です。日本ではまだ女性側から主体的な避妊方法を取っている人が少ないため、ここで悩む人も少なくありません。一方で、生理痛や生理前のイライラ、落ち込みなど、生理が順調に来るからこその悩みもあり、子宮頸がんや子宮内膜症、子宮筋腫などが見つかることもある。

そうこうしているうちに、今度は妊娠したいけれどできないという悩みがやって来て、妊娠・出産後はどうキャリアに戻っていくかで悩み、子育てしている間に更年期がやって来ます。この頃にキャリアのピークを迎える人も多いですが、更年期特有の体と心の不調で仕事が続けられず、キャリアを断念する女性を何人も見てきました。さらに、その頃からは乳がんの心配が増えますし、ご両親の介護も出てきたりします。

このように女性が働き続けるなかでは、心身のさまざまな悩みが出てきますが、こうした悩みに遭遇する可能性を考えたことがないという人も多いのが現状です。けれど、私たちのキャリアは一度途絶えてしまうと、復活のプランを立ててもうまくいかないことがある。そう考えると、これらの落とし穴をあらかじめ把握し、対策を知ることで、自分が望むキャリアを選んでいける可能性が高くなるといえるのです。

とはいえ、個人の対策だけではカバーし切れない部分も多いため、私は産業医として「働く女性の産業医」というプログラムを立ち上げました。実際に産業医には年配の男性も多く、働く女性の婦人科的な悩みに答えるのが難しいケースも少なくありません。そこで、女性の立場を理解した医療職からのアドバイスに特化し、相談窓口の設置、女性ならではの検診項目の確保、異常所見に対するアドバイス、検診受診率の向上のための活動を行い、女性の悩みを企業とともに解決することで、元気に働き続けてもらうことを目指しています。

働く女性は、社会において自ら心と体の健康状態を整えていくことが求められますが、企業や組織といった女性を取り巻く環境の役割も非常に大きいものです。個々の頑張りだけではなく、働く女性を支える仕組みをみんなで考え、しっかり整えていくことも、産業医として大切な仕事だと考えています。

ヨガとは人生をよりよく生きるためのツール

私がヨガの業界に携わり、プログラムの提供側になって7年ほどたつのですが、もともとヨガは自分の趣味として始めたものでした。

その出合いは18年ほど前、医者になって名古屋から東京に引っ越した後のことでした。私は運動が好きで、ずっとチームスポーツを続けていて、当直の日以外は仕事帰りにジムにも通っていたのですが、あるとき、靱帯を伸ばしてドクターストップがかかってしまったのです。そこで早く治すために、トレーニングの代わりに鍼《はり》やスポーツマッサージ、高圧酸素カプセルなどに通ったのですが、毎日だと出費の負担も大きいわけです。

そんなとき、自分が通っていたジムのスタジオプログラムのなかにヨガを見つけて、しかも若葉マークが付いていたので軽い気持ちで参加してみたところ、一見運動神経がよくなさそうな人たちが、私にはできないポーズをバンバン決めている風景に遭遇したのです。私はずっと運動部で運動神経もいいと自覚していましたから、できないポーズがたくさんあることに衝撃を受けて、「すごい！　私もできるようになりたい！」と興味を持ったのです。

調べてみると、そのクラスは実はアシュタンガヨガを始めたばかりの先生が、プライマリーシリーズ（60種類のポーズで構成される初級の動き）のなかから自分ができないポーズをそのクラスで練習していたことが分かりました。しばらくそのクラスに通った後、私も本格的にアシュタンガヨガを始めたのです。

その後、ヨガを続けるなかで、1つ気づいたことがありました。それは、今のヨガは効果・効能をうたいたがる割に、あまり科学的な判断をせずに伝えられてきた業界だということです。実際に、世の中にはヨガで不調や悩みが改善できると期待している人も少なくなく、本当に改善が期待できることの範疇《はんちゅう》を超えるような言い回しや指導法を変えていきたいと思うようになったのです。

そこで7〜8年前、私が持っている医学的な知識を基に、効果をきちんと線引きして伝える取り組みを始めました。例えば生理痛緩和のポーズであれば、「こんな人はこの時期にこのポーズをすると悩みは改善する可能性が高いけれど、こんなタイプの人はこの時期にポーズをしても改善の見込みはあまりないです」と、科学的な判断を交えてコンテンツを提供するようになったのです。

ヨガは、経験則によっていろいろなルールが積み重なっていて、例えばアシュタヨガでは生理中3日間はお休みしましょうと決められていますが、これは医学的にも理にかなっています。つまり、長い歴史のなかで女性が練習や経験を積み重ねることを通して決められたルールが、科学的な判断とマッチすることも当然あるわけです。


一方で、私はヨガを指導する側の方からも相談をいただくのですが、なかでも多いのが、クライアント（受講者）の皆さんが「同じポーズばかりでマンネリを感じてしまう」という内容です。けれど実際にアシュタンガヨガをずっと続けている身からいえば、そもそもヨガの流れは長い間変化しておらず、プライマリー、セカンド、サードといった流れを毎日粛々と積み重ねることでしか得られないものがある。だからこそ、毎日同じことをしても、したいことがはっきりしていれば飽きることはないのです。

つまり、顧客が飽きてしまう原因のひとつは、何を目指しているのかが曖昧なためで、この部分をはっきりさせない限りは、いつまでも堂々巡りになってしまうでしょう。ですから、もしもヨガスタジオの運営側にいて、プログラムに飽きることで顧客の継続率が下がると危惧されているのであれば、まずクライアントが何を目的に参加しているのかを問いかけ、理解することが大切です。

例えば、特定の動きを練習したいというシンプルな動機の人もいるでしょうし、動いてスッキリしたい、体をつくりたい、運動不足を解消したいという人もいるでしょう。けれど、きっとレッスンを続けている人には、その先に自分の人生を良いものにしていきたいという思いがあると思うのです。

ヨガのアーサナ（ポーズ）、シークエンス（ポーズの流れ）が変わるということは、あくまで小手先の変化です。クライアントが根本的に目指すものを掘り起こすことは指導者側の立場としては必須ですし、それを把握することで提供側の姿勢も変わっていくでしょう。

私が思うに、ヨガは人生をよりよく生きるためのツールであって、その捉え方は人それぞれで構わないものです。

だからこそ、指導者の皆さんご自身が、ヨガを通して人生で何を体現したいのかをはっきりさせた上で、クライアントの皆さんに「人生において何をしたいのか、何を変えていきたいのか」を考えてもらう機会を持つことが大事なのです。

ヨガと同じように、私たちが自分の人生でしたいことをはっきりさせることで、日々の目の前の仕事がただ〝こなす〟ものではなく、「自分の目標の下支えになるもの」という納得感が得られるのではないでしょうか。

私が医者として伝えていきたいこと

今回は、「私が医者として皆さんに伝えたいこと」をテーマにお話しします。

１つ目は、専門職だからこそ持っている知識を分かりやすく伝える、ということです。

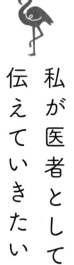

医者には医者の常識があり、なおかつそのなかでも内科、外科、産婦人科、小児科などそれぞれの科目の常識があります。さらに産婦人科にも各分野があり、その分野の医師だけが持っている知識があります。医療職だけでなく、例えば会計士さんや税理士さんのお金の知識、運動指導の先生が知っている筋肉や関節の知識など、専門職だからこそ持っている知識を、他の業種や職種の人、専門外の人に分かりやすく世の中に広く伝えることは、非常に価値があることだと私は考えているのです。

「お医者さんなのにどうしてそんなにＳＮＳを頑張っているんですか？」とたまに聞かれるのですが、「医療職しか持っていない常識を皆さんに分かりやすく伝え、正しく知ってもらうことで、きっと良いことがあるはず」と思って続けています（私にとって発信することが全くストレスでないことも理由のひとつではありますが）。さまざまな専門職の方が持っている常識をきちんと伝わる形でお届けできれば、世の中にとってとても大きな価値になると考えているのです。

2つ目は、健康に携わる者としての責任です。これは医者だけではなく、看護師や薬剤師、理学療法士ほか、国家資格を持つ全医療職に当てはまります。これらがなぜ国家資格なのかというと、多くの人の健康を守る仕事だからであって、国家資格を持つ医療職は、多くの人の健康を守る責任を担っていることを意識しなければなりません。同時に、怪しい情報やエセ医学、スピリチュアル系といったものに関して、科学的な根拠がないと判断する強いスタンスを崩さない必要がある。これは多くの人に発信する立場であればなおさらでしょう。さらに健康産業には、サプリメントなどのものやサービスを提供してビジネスにする職種の方々も含まれます。その方たちは、国家資格とは異なる立場から参画してくださるわけですが、やはり今自分のやっていることが、人の健康に影響を及ぼす可能性があるという意識を強く持たなくてはなりません。

例えばがんの末期の方、なかなか妊娠できず不妊治療を長く続けている方などは、本当に藁《わら》にもすがる思いを持つものです。だからこそ、私たちは医療職として自分の良心に従い、正しい情報提供をしていく必要があるのです。

医療職としてあるべき姿を目指すためにいえることは、ショートカットは無理だということです。もちろん人によって道は違いますが、自分が医者5年目、10年目だった頃を思い出すと、ある日いきなり20年目にはなれないと思うわけです。国家資格を持つ医療職というのは、やはり経験の積み重ねが必要な世界であることも知ってほしいのです。

だからこそ私は、自分より年長でたくさんの経験を積まれている先生方を尊敬していますし、後輩の皆さんにも確実に積み重ねていってほしい。時には世の中からスポットライトを浴びることがあるかもしれませんが、それはあくまで途中経過のこと。自分の道は自分を磨くことでしか積み上げていけないということを、改めてお伝えできればと思うのです。

最後の3つ目は、私が皆さんにお話ししていることで、私が見つけたことは1つもないということです。私がお話ししている婦人科や婦人科スポーツ医学の知識、哲学的な内容などは、それこそ2000年以上前から、医学の知識であればここ100年ぐらいの歴史のなかで、国内外の多くの科学者、医学者などの先輩がまとめたもので、私の年代でも多くの方が新しいデータやエビデンスを出してくださっています。そのなかで私がしているのは、今正しいとされる知識を皆さんに知っていただくために分かりやすく伝える、ただこれだけのことなのです。

多くの先輩方に感謝の気持ちを持つとともに、自分の得た知識を皆さんの生活で生かしてもらいたい、そう私は考えているのです。

「心の姿勢」を問う時間を持ってみる

昨日の仕事帰り、ケーキ屋さんの前を通りかかったので、イーク表参道のみんなにクリスマスのチョコレートケーキを買って帰りました。それで今朝、自転車のハンドルに引っかけて持ってきて渡したのですが、みんな思いの外に喜んでくれて、私はそれが本当にうれしいなと感じました。

このリアルボイスを聞いてくれている皆さんは気が付いているかもしれませんが、私の話には「誰かの役に立つ」とか「何かに貢献する」といった言葉がよく出てきます。このような気持ちのベースは、おそらく物心つく頃、小学生や中学生の頃にはすでにあって、それを当たり前のこととして人生を過ごしてきたように思いますし、これまでにいろいろな人と「自分のなかで何を大事にしたいか」という話をするなかで、「貢献」は自分にとって大事なキーワードになっていました。
けれど今日改めて、たかが数千円のチョコレートケーキを「喜んでくれてうれしい」と思う自分に気づき、やはり自分がしたいのは誰かの何かに役に立つことであり、世の中に広く貢献するというよりも、身近な人たちに喜びを届けることなんだと感じたのです。

きっと皆さんのなかにも、それぞれ人生で大事にしていきたいことがあるでしょう。それは、私たちが今生きているこの人生において何をしたいのか、何をなし得たいのかという、いわば「心の姿勢」ともいえるもので、自分が何かを選ぶときの理由になるものです。自分にとって何が大切なのかがはっきり分かっていると、私たちは迷うことが少ないですし、選ぶという行動の積み重ねは癖になりますから、悩む必要もなく自然にそちらを選ぶようになるでしょう。

この大切にしたい思いは人それぞれです。例えば「優しさ」といったとき、その範囲も違います。自分の本当に身近な人に対して優しい人、周りの社会の人たちにも分け隔てなく優しい人、会ったことのない世界の人たちに対して優しさを持つ人もいるでしょう。
そう考えると私の「貢献」の範囲は、自分の近くにいてくれる人、そして日常的によく顔を合わせたりコミュニケーションを持ったりする人、さらに言葉でのギフトという意味では、

SNSでの発信を受け取ってくださっている方々も含まれるかもしれません。私には、そんな人たちの役に立ちたい、温かい気持ちを届けたいという気持ちがベースにあるのです。

同時にこれまで私は、この「貢献」を具体的にどう実現していくのかを考えて過ごしてきたように思います。例えば、自分自身が持っている専門的な知識をみんなに正しく知ってもらうことで、みんなが困ることが減り、よりよく生きられるようになること。自分ができることで、みんなが少しでも温かい気持ちや時間を持てること。これらは、私にとって本当にうれしいことなのです。

このように、大事にしたい思いの先には、自分がこの人生で何をしたいのかが見えてきます。日々を漫然と過ごしていると、これらについて考える機会はまずありませんが、「自分がひとりの人間として、今の人生で何をしたいのか、何をなし得たいのか、完成しなくてもいいから自分がしていきたいことは何なのか」を考えることは、この先の人生をよりよくするためにとても大切なことです。

これらを考えた上で、限りある時間やお金を生かし、自分のしたいことを現実にしていくための具体的な道筋をイメージする――。そんな「心の姿勢」を問う時間を持ってみてはいかがでしょうか。

私の考え方、思考回路をお届けします

（2021年1月20日に行ったインスタライブからの質問）

——コロナ禍において不安を感じることも多いなか、高尾先生は毎日はつらつとされていて、免疫状態が良いように見えます。何か秘訣はありますか？

まず、自分ができることとして大事にしているのは、全身の状態を良く保つことです。そのためには、日常的にスケジュールの組み方を意識したり、「これをすると自分が元気になれる、ご機嫌になれる」といった取り組みを合間に挟んでいったりするのもいいですね。

あとは、ある程度、本能に従うことです。例えば、疲れているなと感じたらとっとと寝る。20時には家に帰ってすぐにお風呂を沸かし、浴室で1時間半ぐらい過ごします（笑）。すると22時くらいには体温がしっかり下がるので、本当によく眠れるんです。食事面では、食べるものや食べるタイミングを意識して血糖値をコントロールするようにしたり、最近ではコロナ禍で時間ができたので、家の中の気になっていた部分を集中的に掃除してみたりと、日常生活のベースを整えるようにしています。こうした「自分でできることをやっている」という納得感は、自分に対する信頼にもつながると思っています。

病気に対しても、健康のベースとなる抵抗力、いわば免疫力を落とさないことはとても大切です。同じウイルスの曝露《ばくろ》（感染）を受けたとしても、かかる人とかからない人がいて、免疫機能はその分かれ目ともいえるからです。

実は、免疫機能を一気に高めることは難しいのですが、例えば運動習慣を持っている人は、持っていない人よりも免疫機能が高いことが知られています。また特に大事なのが、免疫の最前線といえる粘膜表面のバリア機能で、ウイルスが体の中に入り込まないように守ってくれています。けれど、唾液中のSIgA値（粘膜表面に分泌される抗体の指標）は、睡眠不足や長距離の移動、生理不順、急な減量でも下がることが分かっていますから、こうした日常の変化に気を付けることも大切です。

――メンタル面でも超安定しているように見えます。

確かにあまり波がないタイプですが、チームスポーツを長く続けてきたことの影響はあると思います。小学校はバスケットボール、中学校はソフトボール、高校はバレーボール、大学は硬式テニス。チームだと、みんなでゴールを目指す、目標に向かう、そんな取り組みの繰り返しで、メンタル面は強化されたと感じています。

あとは、母がお茶の先生だったことの影響もあるかもしれません。お茶は決まり事が多い文化で、決まり事の理由を聞いても「そういうものだ」と教えられましたが、その他は割と自由な発想を自由にさせてくれました。

例えば千利休は、お茶杓を畳の縁《へり》の内側のどこに置くかまで決めています。私は昔から「なんでだろう」と考えることが好きで、決まり事の理由をよく想像していましたが、実際に自分がお茶席を経験するようになると、そこに置くことで次の動きにつながりやすいことに気づき、やはり理にかなうものが文化になっていくのだと感じたことを覚えています。アシュタンガヨガの流れも同じで、それが正しいか正しくないかを考えるよりも、自分なりの理由を見つけることが前向きに取り組めるコツだと思っています。

一方で、私は末っ子で兄と年が離れていたこともあり、割と自由に育てられていて、近所の人のお世話になることも多かったですね。両親は何かをクリエイトするような創作意欲をサポートしてくれて、写生大会や工作教室にもよく行っていました。工作教室では置いてある工具や材料を自由に使ってよかったので、電気で動くピンボールを作ってみたこともあります。

自由な発想を伸ばせるような環境に、両親は私を置いてくれたように思います。
そんな環境もあってか、小さな頃から想像力豊かに育ってきていて、今起こっていることがすごく残念だと思っても、「その状態からどうしたら次が良くなるだろう」と考えるのが得意なタイプでした。今の状態がずっと続くわけではないと考えていたので、大きなメンタルの落ち込みがなかったのかもしれません。

――ヨガをすることは、メンタルに影響すると思いますか？

ヨガのベースにあるのは、メンタルをコントロールするよりも体のコントロールをするほうが簡単だから、まずはポーズに没頭しようという考え方です。実際に、アシュタンガヨガで少し難しいポーズを取る瞬間は、他のことを考える余裕はありません。これは私たちが集中力を使うとき、1つのことにしか集中できないという特徴を生かしたもので、何か1つのことに集中すれば、心配事はどこかに行ってしまうのです。
没頭できる何かがあることは、メンタル面に良い影響を及ぼします。例えば、好きなアイドルや〝推し〟に一生懸命になるような気持ちも、私たちが前向きになったり、生活が豊かになったりすることにつながるのではないでしょうか。

――先生の学生時代について。勉強や進路についてどう考えていましたか？

高校は進学校でしたが、制服はあっても着なくていい、バイク通学もＯＫというような、生徒の自主性に任せた自由な校風で、学校から信頼されているという感覚がありました。やる気というのは、やれと言われるよりも、信頼されていると感じることで発揮されるのかもしれませんね。

大学進学については、父が建築士で、「橋を造る勉強のために大学に行った」と聞いていたので、学ぶなら何か手に職をつけたいという思いがあり、医学部を選びました。就職にメリットになるという考えは持っていなかったですね。

今、勉強しなければならない人に何か伝えるとすれば、今している勉強は自分の未来の可能性を広げるためのものだということ。私は昔から勉強が好きで、例えば因数分解の勉強が医者の仕事に直接生きるとは思っていませんでしたが、やはり当時は、自分の可能性が広がると思って勉強していたように思います。

その後も実際に、例えば医師国家試験では全部の科目を勉強する必要がありましたし、合格した後のローテートと呼ばれる2年間の研修期間では、内科や外科、小児科などいろんな科を巡りました。大変ですが、こうして可能性を広げておいたからこそ、今自分が好きなことができていると感じています。

一方で、今の若い人たちは本当にたくさんの選択肢があり、大学の途中で起業する人も珍しくない。なんでもできる時代だからこそ、進路に迷うこともあるでしょう。そんななかで、今後は学歴社会がだんだん崩れていく可能性も高いですから、自分なりの1つとがった部分を見つけることができれば、すごくハッピーな人生になるのではないかとも思います。

――コロナ禍の状況をどう捉えたらいいでしょう？

新型コロナウイルスの感染拡大によって社会が大きく変わるなかで、「私たちはこの先、何を残していくのか」を前向きに考える機会をもらったように思います。

今は、この先にどんなことが起こるのかが読めない時代にあり、誰もが予想していなかったことが起こる可能性はあります。そんななかで大切にしたいのが、自分のベースをきちんと整えること、そして自分で考えて選ぶということです。毎日は小さな選択の積み重ねでできていて、その選択の根拠を自分なりに考えて答えを出し、納得することで、「自分の人生は自分でつくっている」という意識を持つことができます。決められたレールに乗って毎日過ごしていくよりも、そのほうが前向きで楽しい人生を過ごしていけるのではないでしょうか。

2020年、2021年の3文字目標は？

私が毎年新春に開催しているヨガのワークショップでは、参加者の皆さんに1年の抱負をお話しいただく機会をつくっているのですが、2020年は〝3文字熟語縛り〟でお願いしました。私はそこで「大丈夫」という3文字を目標に置いたのですが、これは自分自身が大丈夫な状態、もしくは何か困っている人にも大丈夫と言える自分でいたい、そんな思いで選びました。

けれど当時、これほど毎日揺れ動く1年になることは全く想像していませんでした。19年の年末に海外から慌ただしい動きが聞こえてきて、コロナ禍が日本で本格的になったのが2月の後半辺りでしたから、その直前に「大丈夫」という目標を選んでいたことを感慨深く思います。

そして、私が21年の目標として考えた言葉のひとつは**「柔軟性」**です。変化に恐れを持たず、変わっていくことを素直に受け入れられる自分でいたい、また社会も柔軟に変わっていってほしい、周りの皆さんとの関わり方もファジーにしていこう、そんな思いで選びました。

柔軟に形を変えていくことの例えに、「水のように」という表現があります。水は器の形状のほか、温度によって気体や氷にも変化する、まさに変化《へんげ》の代表といえますが、私は水ほどでなくても、紙粘土ぐらいの状態ではいたい。自分なりに柔らかく形を変え、「これでいこう」と決めたらしっかり形を整える、そんなイメージを持っています。

2つ目の3文字は「解釈力」です。物事の捉え方1つで、私たちのストレスの受け方は変わります。つまり、起こった出来事を自分なりにどう前向きに捉えられるか、この〝物事を捉える力〟を意識することで、毎日をより楽に過ごしていけるのです。同時に、自分の物事の捉え方の癖、思考回路の癖から自らを解放するためには、普段から選ぶ言葉を意識して変えることで、自分の思考を前向きな方向に変えていくことができるでしょう。

日本には「書き初め」といって、新年に1年の目標を記すという伝統があります。私自身は、目標が紙の上の言葉だけにならないように、毎年よく使う手帳に目標を記して、常日頃から思い出せるようにしています。皆さんもぜひ、1年を通して自分のなかで思い出せるような目標を考えてみてはいかがでしょうか。

人生を楽しむ6つのコツ

今回は、「人生を楽しむコツ」を6つお伝えしたいと思います。私たちが楽しいと感じる人生は、実は非常にシンプルなコツを積み重ねた先にある、と私は考えています。

1つ目は、**自分が好きな人を自分から喜ばせること**です。私たちが最後に行き着くのは、自分が喜ぶかどうかではなく、自分以外の誰かに喜んでもらえるかどうかだと思っています。

例えば、自分が前向きになれないときこそ、自分から先に感謝の気持ちを相手に伝えることで、お互いが必要な関係性であると確認できる。自分の大切な誰かに必要とされていることを知れば、私たちは前向きな気持ちになれますし、人生が楽しくないはずはないでしょう。

2つ目は、**自分が少しずつ変化していると認識すること**です。私たちは常に変化しており、その変化を自分で認識することで、いわば〝インスタ映え〟しないような、コツコツと地道な取り組みを楽しむことができるでしょう。小さくても確実な積み重ねの上に人生はあり、地道な努力を楽しむなかで自分の変化を認識し、興味を持って眺めることが、人生を楽しむコツです。私にとっては、このリアルボイスでの発信も同じです。毎日繰り返していくことには、少しの努力が伴いますが、この努力を後から眺めると、きっと膨大な価値になると思っているのです。

3つ目は、**緊張感を持つこと**です。人生を楽しむには、頑張るときに頑張れる自分でいることが大切で、そのためには日常的な心と体のメンテナンスが必要になります。人生には仕事や家事、趣味でも「ここぞ」というときが必ずあって、そこでエンジンをフルスロットルにできるかどうかで、その先が決まるといっても過言ではありません。ですから、普段から精神的な安定と肉体的な快適さという、私たちのベースを保つ努力が大切なのです。

4つ目は、3つ目にもつながりますが、**マイペースをキープすること**です。精神的な安定と肉体的な快適さを保つためには、自分にとって心地のいいペースを保つことが必要です。緊張感を感じつつも、それが過剰になると焦燥感につながりますから、無理をしすぎないように、力を入れる時間、リラックスする時間のメリハリを意識することも大事でしょう。

もちろん、人によってマイペースの程度は違いますが、私が思うマイペースは、周りの人に迷惑をかけない範囲で、自分にとって心地よい負荷で頑張れる状況をキープすることなのです。

5つ目は、チームや仲間を大切にすることです。世の中のほとんどのことは、自分ひとりではできません。これを自覚すると、いかに自分が周りに支えられて成り立っているのかに気づくはずです。周りの人たちがお互いをリスペクトし、お互いの時間を大切にするような関係性を築いていく先には、クリエイティブな高い価値が生まれるでしょう。まずは仕事や社会において、自分のしていきたいことを実現するためにどれだけの人が支えてくれているのか、改めて思い起こしてみるのもいいでしょう。

最後の6つ目は、夢中になれることを大切にすることです。人生を楽しむ最大のコツは、自分が大好きなことに出合い、それを続けていく努力を繰り返すことです。私は大好きなヨガに出合えましたが、もしケガをしてしまったら、満足の行くヨガの時間は過ごせないでしょう。大好きなことを続けていくには、体を使うことであればケガをしない、太らない、膝や足首を大切にするといった意識が大切ですし、お金がかかることであれば継続的にお金を稼ぐこと、時間を要することなら時間を捻出する、といった努力が必要になるでしょう。

自分の人生を楽しむコツは、夢中になれることに出合い、その時間を楽しみながら、周りの人たちと良いコミュニケーションを取ること。そのなかで自分が少しずつ良く変化していくことを、自分のペースで認識できたなら、人生はきっと楽しいものに違いありません。

心地よい空間、温かな言葉を届けたい

私がここまでリアルボイスでの配信を続けてこられた理由を考えてみると、きっとこの場が私にとって居心地が良く、自分が自分らしく過ごせる、心落ち着く場所だからでしょう。

実は、私は自分が使うすべてのＳＮＳにおいて、つらい言葉を投げかけられたり荒れたりした経験がほとんどなく、このリアルボイスでも、「いいね」をくださったり、コメントやレターをくださったりする皆さんと良い関係性が続いています。ツイッターでフォロワーが10万、20万といる方に比べれば、当然荒れる機会は少ないわけですが、私が心地よい場所を保てている理由のひとつは、おそらく「言葉」ではないかと思っています。

つまり、私たちが発する言葉には、同じような言葉や考え方を持つ人、思考の道筋をたどる人が引き寄せられていて、SNSでも〝類友〟はつくられると思うのです。つまり、きれいな言葉を使う人のところにはきれいな言葉を選ぶ人が集まりますし、攻撃的な言葉を人に投げかける人には、刃のような言葉が戻ってくる可能性が高くなるといえるのではないでしょうか。

もちろんSNSは意見を発信する場ですから、何かに対して反対意見を述べることもあると思いますが、それはあくまで意見であって、相手の人格や存在そのものを攻撃・否定していいものではありません。けれど、世の中ではそんな状況が少なからず起こっていて、言葉で傷つけ合い炎上するシーンも見かけますが、その状態は私たちの大切な24時間を消耗させる恐れが大きいでしょう。

そう考えたときに、私はやはり自分のなかにある温かい言葉やイメージを伝えることで、気持ちが温かいオレンジ色になってもらえるような言葉を届けたいと思うのです。特に、このリアルボイスは音声ですので、言葉や文字で伝えるよりも、例えば〝眠そう〟とか、〝元気だな〟とか、〝声が疲れてるな〟とか、そのときの私の状態や感情、言葉がリアルに届けられるのが魅力だと思っています。

私は、これからの時代を生きる私たちに大切なのは想像力であり、これからは思いや言葉、音声など、形にしづらいものに重きが置かれていく時代になると思っています。そのなかで、目に見えないリスナーの皆さんが何を求めているか、どんな思いで聞いてくれているのかを想像する力は、リアルの現場においても非常に役に立つものです。

その上で、私がどのように皆さんの役に立てるのかを常に意識しながら、きれいな言葉や適切な言葉遣い、声を選び、気持ちの良い空間や心地よい居場所をつくっていく――。そんなイメージを持ちながら、今後も皆さんと良い時間と空間を共有していけたらうれしいです。

Chapter 9

高尾美穂から「妹たちへ」

この章は、『日経WOMAN』2021年11月号・12月号、
2022年1月号に掲載の「妹たちへ」の内容を
加筆・再編集したものです。

中学3年で初めて「つらさ」を味わった

私は建築士の父、お茶の先生である母の長女として、名古屋で生まれ育ちました。母は今でいう〝サロネーゼ〟で、家にはいつもたくさんの生徒さんが出入りし、私自身、多くの大人のなかで育ててもらった感覚があります。

7歳上の兄にはキャッチボールで遊んでもらったりして、服はだいたい兄のお下がり。そんななかで、長い髪よりも短髪、スカートよりもデニムのショートパンツ……と、気が付いたらボーイッシュなものが好きでした。現在、10年以上続けているモヒカンヘアは、大好きな絵本『タンタンの冒険』シリーズの主人公・タンタンをまねたものです。

子どもの頃から、本屋さんにはよく通いました。どんな本を買いたいと言っても反対されない環境だったので、文庫本を買っては、自分で目録を作って管理して。地震で本棚が倒れそうになったとき、「お小遣いで買った大事な本が傷む！」と、本棚の前にとっさに布団を広げてしまったくらいに本が大好きでした。あのときは、「本より美穂ちゃんのほうが大事でしょ！」と親に怒られましたが。

小学校はバスケットボール、中学はソフトボール、高校はバレーボール部に所属。スポーツが大好きでしたが、同じくらい好きだったのが勉強。私にとって、問題集を解くことは趣味のような感覚に近かった気がします。いつも新学期が始まると、本屋さんでたくさんのドリルを買い込み、毎日1ページずつ解いていました。中学生になると学校帰りに塾へ直行し、塾が閉まる21時まで自習室で問題集に集中。問題が解けることも、問題集を解き終わることも楽しくて。そんな感じだったので、学校の成績は良かったです。小・中学校の全国模試はいつも1位。通っていた塾がユニークで、1年に1回、中学1年から高校3年までの生徒が同じテストを受ける大会があったのですが、そこでの成績も、中学3年生から1番でした。

小学4年生の夏休み、親に勧められ、長野での1カ月間にわたるキャンプに参加。それは、母が自分の乳がんの手術を娘に知られないようにという配慮からだったのですが、後でその事実を知ったときは、自分にだけ知らされなかったことがショックでした。あのとき、「いつか信頼される人間になりたい」と思ったことが、医者を志す原点になったように思います。

でも、親には、医者になることを反対されていたんです。親戚に外科医がいたのですが、特に母は彼の話を聞いて、医師が想像以上に大変な職業であることを分かっていたようなので、高校の担任の先生に「今から進路を文系に変えさせられないか」と相談したことがあったそうです。(笑)

大好きなスポーツに打ち込み、勉強も面白く、幼少時から習っていたバイオリンも楽しい。

友達もたくさんいる。両親をはじめ、周りの大人からの愛情を感じながら育っていた私は、特に悩みもなく、日々を楽しく過ごしていました。

「つらさ」を初めて感じたのは、中学3年のとき。「おまえがいると、こっちの成績が下がる」。ある日、クラスメイト数人にそう言われ、嫌がらせが始まりました。朝、登校すると机に花瓶が置かれていたり、校内履きのスリッパに画鋲《がびょう》が打ち込まれていたり……。嫌がらせの理由は、内申点の奪い合い。当時の高校受験の合格点は内申点が半分を占めていました。本番の試験でいい点を取っても、内申点が低いと合格できない仕組みだったようで、ダントツで成績が良かった私がターゲットになったようです。

でも私は、特段落ち込むことはありませんでした。クラス以外にも部活の友達がいましたし、高校で彼らと一緒になることはないと分かっていたので、今の状況は「中学卒業までの期限付きだ」と見通しが持てましたから。自分を否定することなく、スリッパも画鋲付きのまま履いていました。ただ、自分がされたことに対して、「嫌だ」と思う気持ちは忘れないようにしようと思っていました。

あれがいじめだったと気づいたのは、大人になり、新聞でいじめの記事を読んでからです。当時、すごくつらくて悩んだという実感はなかったのですが、振り返ると、小学校の担任の先生は名前を覚えているのに、中学の先生は覚えていないんです。自分では意識していないつらさがあり、防衛本能から、脳が当時の記憶を薄くしているのかもしれません。

いじめられても自分を否定することなくいられたのは、親の教育のおかげです。したいことにはどんどん挑戦しなさいという教育で、いつも褒められて育ちましたし、スカートをはきなさい、髪を伸ばしなさいと言われたことも、「女の子は女の子らしく」とも言われたこともなかったように思います。私が選んだことを尊重してくれる両親だったので、自然と自己肯定感も育まれたのかもしれません。

話を聞くスキルが、産婦人科医への道を開いた

京都の大学への進学を希望していましたが、受験に失敗。1年でも早く医者になりたくて、地元の医科大学に進学しました。硬式テニスで真っ黒に日焼けしたりと大学生活を謳歌しながら、「医師国家試験に一発合格」を目標に必死で勉強。合格したときはうれしさと同時に、「30万人いる医師の一番下っ端なんだ」という感覚があったことを覚えています。

卒業後は名古屋の中核病院での研修を希望しました。そこでは当時、「スーパーローテート」という制度がありました。内科、外科、小児科、麻酔科、産婦人科など、主要な科を2年ほどかけて経験した後に、何を専門とするかを決めるという仕組みです。多くの科を回ることで、

自分の進路を考えながら総合的な知識を身に付け、幅広い症状の初期対応ができるようになることもあり、私にとってはいい制度でした。特に最初に回った麻酔科では、さまざまな種類の手術に立ち会うことができ、また気道を確保するための気管内挿管を学べたことは、その後、とても役立ちました。産婦人科医は赤ちゃんの気管挿管も自分で行いますから。

とはいえ、最初の1年は看護師さんによく叱られました。研修医は、「医師と名乗れるようになっただけ」で、できることはほとんどありません。手術用の手袋をうまく着けられずもたついていると、「明日までに着ける練習をしてきて！」と怒鳴られることもしょっちゅう。でも、それは言われて当たり前のこと。手袋をきちんとはめられないと清潔を保てず、備品の無駄にもつながりますから。看護師さんには、本当にたくさんのことを教わり、育てていただきました。当時の看護師さんたちとは院内のハンドベル部を作って練習し、クリスマスに病院の玄関ホールで演奏会をしたくらい仲が良く、今も交流があります。

産婦人科医になることを決めたのは、「向いているよ」という研修医時代の恩師の勧めからです。今でこそ、産科・婦人科医師の半数近くが女性ですが、当時は産婦人科医のほとんどが男性でした。分娩があると夜中でも呼ばれますし、他の科に比べて当直も多い。子宮がんなど大きな手術もあります。結婚・出産などの人生設計を考えたとき、女性が長く働き続けるのは難しいと考えられていました。

でも、患者さんは女性ですから、考えてみたら人口の半分は診なくていいんです。それに、私は人の話を聞くことが苦ではなかったことも大きかったと思います。産婦人科を受診する患者さんのお話が長いケースは少なくなく、それが苦手な医師もいますが、私はローテートの期間に希望して回った心療内科で患者さんのお話を聞き、ちょっとでも前向きになり、いい表情で帰っていただけることがうれしかった。産婦人科でもやっていけるかもしれない。だったら、私は女性を幸せにしていこう、と。

ローテートしていた病院で産婦人科医として採用されたのが、25歳のとき。当時は病院の向かいにある官舎に住んでいましたが、退勤して部屋の明かりをつけると、電話が鳴って病院へ戻る……ということもしょっちゅう。救急医療も24時間受け付けている病院だったので休みはほとんどなく、だいたい病院にいました。でも医師として、毎日できることが増えていくことは楽しく、充実した日々でした。

数え切れないほどの生と、死の現場に立ち会う

29歳のとき、脳神経外科医の夫と結婚。彼が東京在住だったので私も上京し、東京慈恵会医科大学の大学院に入りました。大学院での研究テーマは、卵巣がん。抗がん剤の効果と予後の

関係性について、亡くなった患者さんの検体を、毎日顕微鏡で1600枚ほどのプレパラートを見ながら研究していました。その一方で外来も担当し、手術も行う。毎日めげそうな忙しさでしたが、今、私が医師としての自分を信じて診察ができるのは、当時の積み重ねに裏打ちされていることは間違いありません。

医学博士号を取得した後は、慈恵医大の大学病院に勤めました。

産婦人科医になってから、数え切れないくらいの出産に立ち会いました。赤ちゃんがおぎゃーと産声を上げて、お母さん、お父さんと対面する瞬間は、何度立ち会っても感動しますが、その場がしんと静まり返ってしまうときがあります。それは、生まれてきた赤ちゃんに予想しなかった症状があったとき。そのひとつが母斑《ぼはん》(あざ)です。今は出生前診断でダウン症などの胎児先天性異常の可能性がある程度分かりますが、色の異常はエコーでは予測できません。

初めて顔に大きな母斑のある子を取り上げたときのこと。一瞬、その場がしんとなり、お母さんも、立ち会っていたお父さんも声を失っていました。私もその雰囲気にのまれて何も言えなくなってしまった。そのとき、一緒にお産を担当していたベテランの助産師さんが、「はーい、おめでとうございまーす!」と明るい声で言い、赤ちゃんをお母さんの胸にのせたのです。新しい命が無事に生まれてよかったねと、私の代わりをしてくださった。あのシーンは、今も印象に残っています。

大学病院に勤めてすぐの頃、助手として入った子宮体がんの手術で、リンパ節を切除する際に静脈が傷つき、患者さんが50ℓもの出血をしました。多くの医師が連携する大変な手術になりましたが、翌日手術は無事に終わり、患者さんは元気に退院されていきました。

手術後、次々と積まれていった輸血パックを思い出しながら考えたことは、同じことが地方の病院での手術で起こった場合、必要な50ℓの血液を集めて患者さんの命を救えただろうか、ということ。きっと、答えはNOです。あの危機的出血は、東京の大学病院だから対応できたこと。地域間の医療格差を目の当たりにし、私のなかの青い正義感が削られていった、そんな記憶があります。

命が消えていく場に立ち会うことも少なくありません。死産や、がんの末期患者さんを看取《みと》ることはつらく、救えなかった自分へのふがいなさに落ち込みます。でも、ご遺体を確認し、霊柩車《れいきゅうしゃ》で送り出すときに思い出すのは、患者さんの元気なお顔。亡くなった患者さんの名前って、フルネームで覚えているものだったりします。

医師として最も大切にしていることは、患者さんとのコミュニケーションです。長期の入院患者さんになると、回診時の対応もなあなあで済ませたり、回診に来なくなったりする医師もいます。私はそれが嫌で、回診時は担当以外の患者さんにも声を掛けていました。

ただ、「患者との距離が近すぎる」と先輩の先生に注意されたことがあります。親身になることは大切ですが、感情移入をしすぎると、治療がうまくいかなかったときに、悲しみと後悔からバーンアウトしやすいといわれます。

それ以来、患者さんとは、心の距離を少しだけ保って接するようにしています。それは、相手と少し違う考え方をしてみること。起こっている症状について患者さんが思うことに対し、「こういう捉え方もできませんか」と返すようにしています。

患者さんの小さな不便を取り除く医療を目指して

がん患者さんの多くが望むことは、がんを取り除くことですが、手術で取り切れたからもうすべてOK、というわけではありません。術後にも困っていらっしゃることはたくさんあります。手術の傷痕が痛んだり、手術でリンパ節を取ったことで足がむくんだり。病気の症状や治療の副作用などで不便が生じ、治療前と同じように生活できなくなることがあります。

がんがあることに比べたら、それは小さな不便かもしれませんが、日常生活を送る上では、お腹の中の見えない部分よりも、傷の痛みや足のむくみのほうが気になるもの。そういった困り事を患者さんの納得の行く形で解消することが、その後のクオリティー・オブ・ライフ（QOL）を高めることにつながります。けれど、大学病院は小さな不便を解消することに重きを置きません。細やかなフォローがしにくく、私たちが手術でがんを取り切れてよかったと安心しても、その後の日常では、医療者側の満足感ほどには、患者さんは満足していないことが多いと感じていました。

がんの手術後、リンパ浮腫《ふしゅ》になった患者さんに、太ももの付け根を押すなどのセルフケアを提案したことがあります。症状が楽になったと、患者さんは喜んでくれました。それで寿命が延びるわけではないけれど、楽になった患者さんを見て、ご家族も喜ばれる。そのとき私は、大学病院ではフォローしにくい部分をケアすることができたらと思うようになったのです。

医療機関にはそれぞれの役割があり、大学病院とクリニックとでは求められていることも異なります。特定機能病院となっている大学病院なら、急性期の患者さんの命に関わる症状の治療や、一般の医療機関では実施することが難しい、高度な専門医療が必要な治療に取り組むという役割があります。クリニックでは、そこからさらに、生活に即したきめ細かいケアが求められます。私は教授を目指していたわけではなく、いつか開業して、患者さんのQOLを保てるような治療をしたいという思いがありましたから、お世話になった教授が退任されるときに大学病院を辞めました。

2年後の開業を目標に、東京労災病院の女性外来の立ち上げをしながら物件を探していたある日、女性の健康をサポートするクリニックとして展開していたイークが、新しく表参道にできることを知りました。私が物件を探していたのと同じエリアで、これは商売敵になる、どんなクリニックになるのか見てみたいと考え、医師募集に応募してみたんです。ところが、工事中ということで丸の内のイークで面接を受けることに。思惑が外れましたが、面接で話を聞くと、患者さんのコンディションを良くすることを第一に考え、西洋医学以外にもカイロプラクティックなどを取り入れていて、共感する部分がとても多くありました。

私も長年ヨガを続けていましたから、話が盛り上がって。とはいえ、私は開業するつもりなので、「本当は勤める気はないんです。でも、とても素晴らしい取り組みなので応援しています」と正直に話して、面接を終えました。すると帰宅後、すぐに「ぜひ、高尾先生と一緒に仕事をしたい」というメールが届いていました。迷いましたが、これも何かのご縁。開業は先でもできると考え、40歳を前にイーク表参道に転職しました。

イーク表参道では、内科・婦人科・乳腺の診察を通して女性の健康をサポートしています。私は婦人科部門の責任者として、女性のライフステージやライフスタイルに合った治療を提案しています。

イーク表参道の待合室は、一般のクリニックよりもかなり広く取っています。これは、ラウンジ兼ヨガスペースとしても使えるように、という思いから。私自身、アシュタンガヨガやマタニティーヨガの指導資格を取得し、クリニックでは、マタ一ナル（周産期）ヨガも行ってきました。

ヨガで、患者さんの心と体を快適にしたい

Chapter8でもお伝えしましたが、ヨガと出合ったのは20代の終わり、東京に来てすぐの頃です。きっかけはケガでした。10代からずっとスポーツを続け、社会人になってからもジムで体を動かしていたのですが、あるとき、足首をひどく捻挫してしまいました。トレーニングができるように早く治したくて、高圧酸素カプセルやスポーツ鍼灸《しんきゅう》などを試したのですが、どれも費用がかかり、大学病院の安月給ではなかなか続けられませんでした。

そんなとき、スポーツクラブのヨガ教室に行ってみると、運動神経がそれほどよくなさそうに見える方でもアクロバティックなポーズをしていて驚きました。そんなに体の動きが良くな

るのならと始めてみたら、どっぷりハマりました。

教室に通い、日本のヨガの第一人者であるケン・ハラクマ先生に師事。当直の空き時間にヨガを練習するなど、日常にも取り入れるうちに、ヨガは体だけでなく、心にも良いのではと感じるようになりました。リラックス効果、ストレス軽減はもちろん、心を整えることにもつながる。それは、私が大学病院を辞めるきっかけとなった、「患者さんのＱＯＬを上げたい」という思いにもマッチしていたわけです。

現在はヨガのレッスンをはじめ、ヨガ指導者の育成や、一般社団法人日本アスリートヨガ機構では、ヨガを通してアスリートをサポートする活動も行っています。

「不妊ヨガをつくってください」。そんなオファーをいただくことがありますが、お断りしています。

先の見えない不妊治療を続けるため、気持ちを前向きに整えるためにヨガがいいよ、ということはいえます。ですが、「ヨガで不妊が治る」ことは残念ながらありません。でも、「不妊ヨガ」と名前を聞いた時点で、世の中の多くの人は「不妊にヨガが効く」と思ってしまう。

情報を短絡的に使われてしまうような発信をしないこと、医者という職業への信頼を裏切るようなことを言わないこと。それは、国家資格を持つ者として常に気を付けていることです。

チームメイトの死が、「待ち」から「街へ」の転機に

名古屋の病院に勤務していた頃、医師として婦人科外来診察や手術・分娩などに携わる一方、プライベートでは社会人ソフトボールチームに所属していました。ポジションはキャッチャー。チームメイトは友達であり、患者でもありました。帝王切開での出産、子宮やチョコレート囊胞《のうほう》の摘出手術など、メンバーやその家族の診察もしていました。

ある日、チームメイトのひとりが「不正出血がある」と言うので診察すると、目視で分かるほど、子宮の入り口でがんが育っていました。子宮頸がんで、少なくともステージ2以上。すぐに手術をしました。その後、抗がん剤と放射線治療を続けましたが、闘病の末、彼女は天に召されました。幼い娘さんを残して。

当時、私は産婦人科医になってまだ4年目。敗北感と無力感に押しつぶされそうでした。それから、命を救うため、治療以外にできることはないのかと考えるようになりました。例えば、子宮頸がんは早期発見できれば、子宮も命も失わずに済みます。そのために検診を受けましょう、今ならワクチンを打ちましょうといえます。命を守るために、病院で患者さんを待つだけでなく、自分から発信して伝えていこう。チームメイトの死が、私の「待ち」から「街

へ」という現在の活動の転機になった気がします。

「自分の体を自分で守る」意識の大切さを伝えたい

Chapter8でも触れた通り、今、私の仕事の柱は4つあります。
①イーク表参道の産婦人科医として、患者さんの診察、治療
②スポーツドクターとして、女性アスリートのサポート。スポーツドクターの育成
③ヨガ指導者として、レッスンや指導者の育成
④産業医

現在の活動を通して伝えたいことは、「自分の体の変化を知ってほしい」ということです。患者さんは、本当に調子が悪くなってからしか病院には来ません。でも、そうなるよりも前に体の変化に興味を持ってほしいのです。そうすれば、大きな病気になる前にできることがある。それらを分かりやすく伝えていきたい。それが、今のすべての活動の原点です。

婦人科の診察で指摘できることは、主に〝形〟の問題です。筋腫がある、卵巣が大きくなっているといったことは、診察で分かります。形には問題がないけれど不正出血があるとなると、次は〝働き〟の問題がないかを調べます。働きの問題の多くには、自律神経やホルモンが

関係していますが、それがどのように不調の原因になっているかは、たまたま行った病院で、たまたま実施した検査で一発で分かるということは、ほとんどありません。ホルモンの血液検査をしても、それはその瞬間の数値であり、時々刻々と変化しています。つまり、基礎体温を記録するなど、日常で変化を追いかけないと分からないことが多いのです。

小さな不調や違和感は我慢しがちですが、それが大きな病気につながることも多くあります。逆にいえば、小さな違和感を見過ごさなければ、大きな病気を回避することもできます。病院に行けばなんとかなると思っている方は多いですすし、そうできる病院でありたいと思いますが、来ても分からない、見つけられない不調や病気もある。そのことを知って、もっと自分の体と向き合ってほしいのです。

なぜなら、この少子高齢化社会において、近い将来、現行の国民皆保険は成り立たなくなる可能性もあり、今のように、病院でも診療所でも、患者さんが受診する医療機関を自由に選べるフリーアクセス制度は崩壊していくでしょう。これからは、かかりつけ医であれば自己負担を抑えられるといった制約が設けられたり、健康診断や人間ドックなどを自費で受け、異常があった場合のみ、保険診療が受けられるという形に移行していかざるを得ない状況とも考えられます。「異常があるかどうか分からないけれど、調子がよくないから見てください」という受診理由には保険が適用されなくなり、健康であるための努力義務を果たしてからでないと、診察を受ける権利を得られなくなるかもしれません。自分の体は自分で守る意識、セルフケアが、より重要なのです。

超高齢社会の日本の医療費は増加し続け、1年で42兆円を超えています。このうちの3割は税金から賄われています。少子高齢化で働き世代が減り、税収が減ることを考えると、医療費の削減を考えることはとても重要ですが、医療経済を考えている医師はほとんどいません。

大学病院の医師の多くは、患者さんの医療費がどれだけかかるかということに疎いです。私もそうでした。そういった医師の多くが開業すると、例えば薬を処方する際に「処方しないより処方したほうが処方箋料が入る」と考えるのも自然なこと。病院経営と医療費削減との両立は難しく、医療費を減らさなくてはと強く考える医師は、そう多くありません。

こういった医療制度の問題がある一方で、例えば、クリニックの健康診断で子宮頸がんの検査に引っかかり、「大きな病院やがんセンターで検査をしたいから紹介してください」とおっしゃる方がいます。大学病院でもクリニックでも精密検査はでき、検体はセンターに送って検査をしてもらいます。つまり、どの病院で検査をしても結果にそこまで違いはありません。ですが多くの方は、大きな病院を希望されます。婦人科も、診察段階では女性医師を希望される方が多いのですが、手術が決まると、男性の医師のほうが安心という方もいます。患者さんは不安ですし、自分がより安心できるところで診察や手術を受けたいという思いも分かります。

でも、子宮頸がんの検査に引っかかったという理由でいきなりがんセンターを受診してしまうと、高度な治療がすぐに必要な患者さんの受診枠がなくなっていく。そういう状況も知ってほしいなと思います。

女性アスリートを取り巻く環境をどうサポートするか

私はスポーツドクターとして活動していることもあり、イーク表参道には女性アスリートも診察に来ます。生理痛や生理不順など、悩みや症状は一般の患者さんと同じです。イークでは週に4日、私が担当している曜日は受診可能ですし、いつ行っても同じ医師（私）がいて、スポーツのこともほどほど話せるということが重宝がられているようです。

アスリートの競技パフォーマンスは、体調や生活習慣から大きな影響を受けます。女性アスリートであれば、さらに生理痛やＰＭＳなど女性特有の問題も関わってきます。私自身、10代からスポーツを続けるなか、生理周期によってコンディションが変化することを実感してきました。女性アスリートが抱える問題のひとつは、無月経とそれによる骨《こつ》粗《そ》鬆症《しょうしょう》です。無月経は、十分にエネルギー摂取できていないこと、過度な練習量や競技へのストレス、行きすぎた減量なども原因です。月経がないということは、女性ホルモンのエストロゲンが分泌されていない可能性が高く、エストロゲンは骨の代謝に関わるため、骨粗鬆症や骨折を引き起こしやすくなります。

無月経はその後の健康に大きな影響を及ぼすので、放置すべきではありません。ですが、スポーツ界では、「生理がないほうがコンディションを維持しやすい」「生理くらい止まっても大丈夫」という誤った認識が前提の指導も少なくなく、身体的には、女性というより〝小さな男性〟という扱いをされてきたように思います。これまで素晴らしい成績を収めてきた女性アスリートは、体のことを知った上でのご自身なりの相当な努力があったのではと思います。

女性アスリートをサポートする場合、指導者はもちろんのこと、アスリート自身にも、婦人科的な知識を持っていただくことが必要です。それは、パフォーマンスの向上にもつながりますし、ピルの服用や妊娠・出産の計画をはじめ、自分の体と向き合うことは、女性としてのその後の人生をどう選択していくかを考えることにもつながります。

女性をサポートする婦人科医として、スポーツ医学に携わりたいと考えていたある日、ジムでたまたま手にした雑誌に、スポーツブランド「アンダーアーマー」の日本総代理店である株式会社ドームが特集されていました。社内にトレーニングジムやシャワールーム、美容室があり、自転車通勤の社員には手当が付いたりと、社員の健康を考えた福利厚生が充実していることを知り、この会社なら、私の話を前向きに聞いてくれるかもしれないと思いました。

とはいえ、当時大学病院に勤めていた私には知り合いもいなかったので、公式サイトに出ていた中途採用の求人に応募。志望動機に、女性アスリートを支えるために一緒にできることはありませんか、と書きました。私は、ここぞというときはすぐに行動するタイプみたいです。

すると、すぐに連絡が返ってきました。面接では私の話にも共感してくださって。半年後、社内でも初の試みとして、さまざまな部署の女性を集めた「ウーマン事業部」がつくられ、そこに私も参加することになりました。現在は、ドームのアドバイザリードクターとして多くのアスリートのメディカルやメンタルのサポートを行う一方、産業医も務めています。

2013年に東京2020オリンピック・パラリンピックの開催が決まったとき、女性アスリートの育成・支援のための大きな予算が国からつきました。そして、文部科学省（その後、スポーツ庁）と国立スポーツ科学センター（JISS）によって、女性アスリート育成・支援プロジェクトが組まれました。私もプロジェクトメンバーとして参加し、婦人科のスポーツドクターとして、生理などのコンディション管理、体やメンタルのリカバリーについてのアドバイスを行ってきました。

リカバリーとは、休息のこと。それまで、アスリートの休息に対するアプローチはあまり行われてきませんでした。休息＝睡眠は、覚醒している時間を良い時間にするために、パフォーマンスを上げるためにもとても重要です。それはスポーツでも勉強でも、仕事でも同じです。

アスリートの睡眠トラブルは、競技へのプレッシャーや人間関係、SNSでの中傷などから来るストレスが大きな原因です。この部分にヨガからアプローチをするほか、日本スポーツ協会のスポーツドクター養成講座で婦人科の分野を担当。整形外科や内科が専門のスポーツドクターの方々に、婦人科視点での講義も行っています。

東京2020オリンピック・パラリンピックにも出産経験のあるアスリートが出場しました。「ママでもオリンピックに出られるなんてすごい」という見方があると思いますが、「ママアスリート」とあえて呼ぶ必要のない社会に成熟させていきたい。つまり、男性でも女性でも産後でも、パフォーマンスを高く保つにはどんな対策をすればよいかがそれぞれ異なるだけであり、「女性」だから、「ママ」だから特別にサポートを要する、のではなく、それぞれが必要とするサポートが当たり前のように提供される環境を目指したいのです。

ある日突然訪れた、夫の難病

2018年の夏、夫の誕生日を間近に、どこへ食事に行こうかと話していた頃です。「左足が動かない」。明け方近く、トイレに起きた夫が言いました。私はもう一度寝てしまったのですが、朝になっても「まだ動かない」と言うのです。症状から脳梗塞《のうこうそく》だと考え、すぐに救急車を呼び、本人の勤務先である大学病院へ。私はそのままクリニックへ出勤し、夕方に夫の元へ行くと、すでに両足と左手が動かなくなっていました。脳梗塞ではないことは分かっていましたが、夫は、急速に体が動かなくなっていく怖さにおびえていました。

翌日、クリニックで診察していると、夫の病院から連絡が入りました。「自発呼吸が苦しくなってきているので、気管挿管で人工呼吸にして、ＩＣＵ（集中治療室）に入れます」と。

気管挿管は苦痛を伴うので、麻酔などで意識を落とします。夫はその後、麻酔の量を減らしても一向に目覚めず、反応もない状態でした。人工呼吸器を装着し、意識が戻らない状態で4カ月半がたった頃、ようやく眼球が動くようになりました。その後、「目が開く」ようになるまで、さらに数カ月かかりました。

夫の病名は、ギラン・バレー症候群。脳や脊髄から巡る末梢神経の病気で、麻痺やしびれ、筋力低下が起こり、発症から数日で手足が動かなくなります。胸部の筋肉が侵されると、自発呼吸が困難になります。原因としては、鶏肉の生食などによるカンピロバクター食中毒が有名ですが、夫も心当たりがあったようでした。

「殺して」

まばたきと文字盤を使ったコミュニケーションが取れるようになったとき、夫が一番最初に伝えた言葉です。衝撃でした。「殺せないから」と笑って返しましたが、私でも同じことを言ったかもしれません。その頃の夫は、意識も思考も明瞭だけれど、体が全く動かない状態。自死を選ぶことができない状態であったことは、家族としては幸いでした。

脳神経外科医の夫とは、大学時代からの友人でした。私が就職先の相談をしたり、テストの悩みを聞いてもらったり。そのうちなんとなく交際が始まり、彼がいる東京と、私がいる名古屋での遠距離交際を経て結婚。私が国家試験の勉強中には、東京から蛍光ペンを1箱送ってくれたり、なぜかドラえもんの貯金箱を送ってきたりと、不思議な贈り物をしてくれる人でしたが、本当にドラえもんのように優しい人で、私にとっては戦友のような感覚です。「子どもがいてもいいかな」とは思っていましたが、大学病院時代はお互い泊まり勤務も多く、彼が3年ほど米国に留学した期間もあり、夫婦2人暮らしでここまで来ていました。

夫が、ギラン・バレー症候群となり、初めて〝患者の家族〟となったことで、改めて気づかされることがたくさんありました。病院の待ち時間の長さ、驚くほど高額な入院費。そして何より、「少しでもよくなってほしい」と祈る気持ち。

生活で大変だったのが、実は支払い関係です。クレジットカードや自宅マンションの共益費など、夫の口座から引き落としになっていたものは、彼がＩＣＵにいた1年近くの間に残高不足となっていたため、支払いの手続きや、夫の税金の督促状への対応などに追われました。特に、クレジットカードは大変でした。動画配信サービスの利用料金のように毎月請求があるものについては、夫が意識不明であることを伝え、「私が払います」と言っても、「情報は本人にしか教えられない」という一点張りで、どの口座から引き落としになっているのかさえも教えてくれないのです。最終的には、夫の口座すべてに毎月入金して引き落とされるようにしましたが、1つだけ、インターネットバンキングからの引き落としにしているものだけは、パスワードがどうしても分からず、対応ができませんでした。

夫が文字盤を使ってコミュニケーションを取れるようになったとき、私が最初に尋ねたことが、そのパスワードでした。そうしたら、私の誕生日だった。それで許してあげる、と思いました。(笑)

夫は今、都内にある彼の実家で療養しています。彼が使う車椅子は特殊なものでとても大きく、自宅のマンションの廊下を曲がれないこともあり、実家のリビングで在宅介護を受けています。

ギラン・バレー症候群は、7割が回復するというのが教科書的な情報ですが、夫のように人工呼吸器のお世話になるのは重症。それでも、リハビリをすると少しずつ良くなるんです。「殺して」と言っていた夫ですが、今はリハビリに精を出しています。「本を書く」と言い、生きることに前向きになっています。今、夫には、「そのうち、(寝ながらでもできるMRIやCT

の）画像の読影で、お金を稼いでね」と言っています。

置かれた状況でどんな生き方を選ぶかは、自分次第

人生で起こることは、ある程度決められているのかもしれないと思うことがあります。例えば、私の夫は裕福な環境で育ち、医者としてある程度の立場にもなり、私から見ればどちらかというと恵まれた人生だったと思います。それが、青天の霹靂《へきれき》で難病を患ったことで、これから先、どのように生きていくのかを考えさせられている人生なのかもしれません。そして私は、そんな彼の隣で何をすべきかを考える人生なのかな、と思うのです。つらいというよりも、どこか、初めてのアスレチックに挑戦するような感覚に似ています。

夫が、あのときこうだったら（医局の先生方と焼き鳥屋さんで生の鶏肉を食べなかったら）……と考えることはもちろんあります。でも、起こってしまったこと、変えられないことは、いくら考えても仕方がない。時間は巻き戻せませんから。だったら、私は先のことを考えたい。今、よくないことが起こっているのなら、その状態をいい方向に持っていくにはどうするべきか。いわば「最悪中のベスト」を選択できるように考えたいと思うのです。

そういうことをいうと気休めに聞こえるかもしれません。でも、それでも人生は続くし、今この瞬間は未来につながっていく。その途中である今が期待したものでないのであれば、自分でどうにか変えていくしかないし、私は今置かれている環境を受け入れながらも、欲張りに生きていきたいと思うのです。

それは、病だけでなく、仕事や子育て、すべてにいえることです。

仕事を続けたいから、結婚は難しい。昇進したいから、子どもをもう1人産むのは無理。そんなふうに人は二者択一をしがちですが、私はもっと、あれもこれもと欲張りに生きていいと思います。新しいことを始めるのに年齢は関係ないし、したいことはどんどんしたほうがいい。「言うのは簡単」と思うかもしれませんが、そう思う時間があるなら、何かできることから始めてみたほうが、人生はもっと楽しくなると思うのです。

子育てや仕事だけがすべてではないし、病気やケガをしても、それがすべてではない。私たち自身はいろんな組み合わせでできています。仕事や結婚、子育て、趣味、介護など、どの部分にどんなタイミングで注力するか、自分である程度は調整できるし、チューニングは自分次第。時間だけは1日24時間、誰にでも平等ですから、自分らしい時間の使い方をしていけるといいなと思っています。

本書に収録したstand.fm「高尾美穂からのリアルボイス」配信ナンバー

「高尾美穂からのリアルボイス」は、stand.fmのアプリやウェブサイト、YouTubeで聴くことができます。本書のChapter1–8は、以下の配信回の内容をベースに、一部内容を加筆・修正しています。

Chapter1 「私らしい私」をつくるには？

- #138 ▸ 自分らしさとは何だろう
- #572 ▸ いつも「人と比べてしまう自分」が嫌なあなたへ
- #613 ▸ 私たちがする判断というものは経験が生み出す
- #134 ▸ 人の期待になんて応えなくていい 自分の期待に応えよう
- #624 ▸ 親に育てられてきた頃の自分から抜け出せるかは自分次第
- #518 ▸ もっと「自信」持って人生渡ろう
- #563 ▸ 自信を持つための2つの考え方
- #237 ▸ これだけは人に負けないって思えることを磨くといいと思う
- #549 ▸ 何事も「面白がる」天才になれたら
- #539 ▸ 人生楽に生きるには「人のことを気にしない力」があるといい
- #277 ▸ 人からの評価が気になりすぎて不安です
- #450 ▸ 他人からの評価を気にし過ぎない生き方は自由を生み出す
- #422 ▸ オーラがないと思っておられる方へのアドバイス
- #177 ▸ 自分のこと好きでいるといいことあるよ
- #516 ▸ 「魅力的な人」とは？ 誰から見た魅力的が一番嬉しいか
- #93 ▸ 前向きな自分でいるための3つのポイント

Chapter2 つらい気持ち、不安とどう向き合う？

- #395 ▸ 「まいっか」と思える自分だと人生すごく楽です
- #234 ▸ 無理なポジティブ思考はおすすめしない
- #555 ▸ 泣くことを情緒不安定だと思わなくていい
- #628 ▸ 失恋してつらいあなたへ
- #673 ▸ 元カレと良い友だちに戻れるのか
- #685 ▸ キラキラしてるSNSとの付き合い方
- #684 ▸ 人から受ける影響を自分にとってプラスに変換する
- #671 ▸ ストレスに強い自分になる方法
- #302 ▸ 大切な方の死というものから私たちが学べること
- #614 ▸ 心を守るために『心に鎧をする』のイメージ
- #534 ▸ 「考え方のくせ」を変える2つの方法
- #258 ▸ 自分がどんなタイプの人間なのかを知るのも大事
- #312 ▸ 高尾先生のようにメンタル安定して過ごしたい
- #729 ▸ からだが調子いいと心も前向きなんだよね
- #297 ▸ 人はなぜ生きるのか

Chapter4 女性の体について知ってほしいこと

#449 ▶ 女性のこころの不調とホルモンの関係

#323 ▶ 妊活中のメンタルの保ち方

#390 ▶ 実は『産後うつ』はこれまで殆どフォーカスされなかった話題

#158 ▶ 更年期についてとエクオールのこと

#365 ▶ 更年期の症状がひどい人/ほとんどない人 何が違うの?

#101 ▶ 皆んなが知らないビタミンDへの期待

#467 ▶ 自分も経験し得る物事に「自分バイアス」かかっていないか気にしてみよう

#273 ▶ 朝起きたらすぐ歯を磨きたい理由

Chapter5 人には聞けない性の悩みに答える

#524 ▶ 性交渉が楽しくない方へ

#472 ▶ セックスが痛くてつらい方へ

#171 ▶ 性交渉における問題点-セックスレスになってきている日本人

#415 ▶ 小陰唇の左右差が気になる方へ

#225 ▶ 外陰部についての相談/VIO脱毛はあり?

#353 ▶ 男性経験がないことは恥ずかしいことなのか

#305 ▶ メンズからご相談 産後5年セックスレスについての理解

#520 ▶ 40代 女性が好きな女性へのエール

#665 ▶ 高尾美穂ファッションのこだわり

Chapter3 こんなコミュニケーションが望ましい

#382 ▶ 2:7:1の法則を知ると人間関係楽になる

#569 ▶ どんな「働く環境」をつくり上げていこうか

#574 ▶ 職場で「マウントを取ってくる」人への対応

#644 ▶ 私たちに見えているのはほんの一部分と考えてみる

#688 ▶ 嫌がらせをしてくる人を「しょうもない人だ」と相手にしない勇気を

#526 ▶ 心地よいコミュニケーションは「人との距離感」に尽きる

#645 ▶ 「話しかけやすい人」でいるのも凄い強みです

#762 ▶ 明るい人になりたい方へ

#672 ▶ 自分の「固定概念」を破る考え方

#670 ▶ 「正しさ」よりも「優しさ」を

#656 ▶ どんなご挨拶が好ましいかな

#106 ▶ イライラする自分に出来ること

#655 ▶ 友だちになりたいと思われる人でいる

#653 ▶ 誰かへのフィードバックにおいて意識してること

#397 ▶ 「心が狭い」自分がイヤなんですキャリアウーマンからのご相談

#118 ▶ 合わないなと思う人と仕事をしなきゃいけない時に意識したいこと

#207 ▶ 人に振り回されないために出来ること5つ

#192 ▶ 人との出会いは必然、私たちは幸せになるために生きている

#798 ▶ 人間関係は4つに分かれる

#470 ▶ その人の存在そのものに「ありがとう」を伝える機会を

#689 ▶ いつも皆んなのこと想像しながら話してます

#580 ▶ 私の本とのつき合いかた

Chapter8 私が人生でしていきたいこと

Chapter6 これからの家族とパートナーシップのあり方

Chapter7 人生とキャリアの歩み方

高尾美穂（たかお・みほ）

医学博士・産婦人科専門医。日本スポーツ協会公認スポーツドクター。愛知県生まれ。東京慈恵会医科大学大学院修了後、同大学附属病院産婦人科助教、東京労災病院女性総合外来などを経て、2013年から「イーク表参道」副院長を務める。婦人科外来に携わるほか、スポーツ庁国立スポーツ科学センター 女性アスリート育成・支援プロジェクトのメンバーとして、女性アスリートのサポートも行う。ヨガの指導者資格も持つ。女性の健康で幸せな人生と前向きな選択を後押しすることをライフワークとし、テレビや雑誌などさまざまなメディアで注目され、幅広い年代の女性たちから絶大な支持を集める。SNSでの発信も積極的に行うなか、音声配信プラットフォームstand.fmの『高尾美穂からのリアルボイス』が390万再生を超える人気に。

心が揺れがちな時代に「私は私」で生きるには

2021年11月22日　第1版第1刷発行
2021年12月24日　第1版第4刷発行

著者	高尾美穂
発行者	南浦淳之
発行	日経BP
発売	日経BPマーケティング
	〒105-8308　東京都港区虎ノ門4-3-12
装丁	小口翔平＋須貝美咲＋畑中茜（tobufune）
イラスト	あわい
執筆協力	渡辺満樹子（Chapter1-8）、松田亜子（Chapter9）
編集	藤川明日香（日経WOMAN編集部）
制作	増田真一
印刷・製本	図書印刷

ISBN 978-4-296-11106-0